世界を制覇した
駆け出しチアダンス部

ゴー・グリフィンズ!

桜沢正顕
Masaaki Sakurazawa

GRIFFINS

SINCE 2010

経験もない。チーム名もない。ユニフォームだってない。

私たちは全くのゼロからスタートを切った。

はじめは全国なんて無理だと思った。ましてや世界大会なんて全く想像もつかなかった。

でも私たちは挑戦することに決めた。学園の誇りをかけて、どうしても世界一になりたかった。

壁はたくさんある。出来ないことへの悔しさ。置いていかれるんじゃないかという孤独。勉強との両立も厳しい。

悩みの種は尽きない。消えては増え、消えては増え、私たちの前には次々と課題が押しよせてきた。

だけど諦めない。世界中にどうしてもゴールデン・グリフィンズの名をとどろかせたい。

これは私たちの世界一を目指した、魂の記録である。

contents

第1章　ゴールデン・グリフィンズ「誕生」　11

誕生前夜
コーチとキャプテンがいない!?
いよいよチアダンス部始動!
チアダンスの成り立ち
チアダンス部結成の目的
どんな時も明るく周りを照らす太陽
ごく普通の女の子たち
チーム名決定!
新人類の「キラキラ感」
三つのプレッシャー
生徒からの直談判
グリフィンズ存続の危機!?

第1回「大鷲祭」
大会デビュー直前
3人のダブルターン
アピールのポイント
いよいよ出発！
練習は本番のように、本番は練習のように
待ちに待ったデビュー戦――JCDA予選大会
エントリーナンバー104番、幸福の科学学園ゴールデン・グリフィンズ！
リベンジに燃えて
悔しさ再び――USA予選大会
1年目最後の挑戦

第2章　創部2年目の「忍耐」　83

新生ゴールデン・グリフィンズ
新しいコーチ

チアの原点
目に見えない力の後押し
ゴールデン・グリフィンズ伝説のスタート
中学生に続け！　高校生も入賞なるか？
主の教えの正しさを証明するために
「ワン・フォー・オール、オール・フォー……」
涙のＪＣＤＡ関東予選
バスの中での手紙
「高校生の分まで！」
必要のない人など一人もいない
初タイトル
全国大会出場なるか
魂の輝きを演技に
ファニー・ビー、すがすがしい笑顔
初めての全国大会

第3章　創部3年目の「飛躍」　147

PART1　目指せ全国！

新キャプテンの苦悩

「私がキャプテンでいいのでしょうか」

イベント出演

高3不在の新チーム

中学生、勢いに乗って

高校生、新チームでミス連発

仙台の地で

悲願のJCDA全国大会

自信がなければオーラは出ない

「このままじゃ全国なんて無理だ！」

様変わりした高校生、参上！

予想外の成長

3年越しの夢

勝って兜の緒を締めよ
世界大会のための舞台裏
USA東京予選
第1回卒業式
USAナショナルズ全国大会
エースの重圧
アルティメット・クラッシュ

PART2　そして世界へ
いざ、ロサンゼルス
時差ボケしながらの遠征初日
ハイテンション異文化交流
中学生リーダー・杏奈の成長
世界大会を翌日に控えて
気合の円陣！
ライバル校ステファン・ホワイト

沈黙
大好きな先輩へ
悔しさの本当の理由

第4章　創部4年目の「挑戦」　263

経験豊富な先輩、後輩に挟まれて
誰からも愛される人気チームへ
サマー・キャンプ
先輩と後輩の関係
中高揃って堂々の日本一
地域との交流
燃えるマグマのような志と情熱
JCDA全国大会
大雪のUSA神奈川予選
新ユニフォームで挑むUSAナショナルズ全国大会

日本とアメリカに離れても、心は一つ
再び、世界へ
目指すのは世界の頂点
悲願の世界一へ
幸福感に満たされて
凱旋
そして、未来へ！　ゴー・グリフィンズ！

第１章

ゴールデン・グリフィンズ「誕生」

誕生前夜

始まりは、2007年までさかのぼる。私のもとに、1本の電話がかかってきた。

「全く新しい理念で、今までにない学校を創るので、ぜひ参画してください」

穏やかな、それでいて力強い決意の込もった声の主は、幸福の科学学園中学校・高等学校の校長に就任する予定の喜島克明《きじまかつあき》氏であった。

全寮制の中高一貫の私立学校である。開校の理念として、「ノーブレス・オブリージ（高貴なる義務）を果たす徳ある英才の養成」がうたわれた。目指す理想は高く、高度な精神性を育み、自助努力によって社会に貢献し、将来、日本や世界のリーダーとして活躍する第一級の人材を輩出するというのが目的である。そのために、全国から優秀な教育者を集めているので、ぜひとも加わってほしいという強烈なラブコールであった。

当時38歳であった私は、埼玉県の私立Y女子高校の教諭として15年間勤めていた。そこでチアダンス部の顧問をしており、4年連続全国優勝、世界大会2度優勝という実績があった。また、受験指導でも高い評価をいただき、特進クラスの世界史選択者からは「サク様」と呼ばれていた。受験指導と部活指導の両方で実績を残していた私は、Y女子高校にとってなくてはならない存在となっていた。

第1章
ゴールデン・グリフィンズ「誕生」

自分はどちらの道を選ぶべきか、本当に悩んだ。今までの人生で、ある意味一番決断するのに悩んだかもしれない。

この間、学校の同僚にも相談しなかった。もし少しでもそういう話が生徒の耳に入ったら、いい影響はない。誰にも相談せずに、一人静かに自分の心の声と対話する日々が続いた。

そして、ついに私は決断した。2008年3月、Y女子高校から去る決心をしたのだ。

幸福の科学学園では開校時、学業と両立しながら強化部を二つだけ設定することになった。

一つがテニス部であり、もう一つがチアダンス部だ。

テニス部の顧問に就任予定であった柄澤《からさわ》教諭は、前任校の中学で4回、高校で3回、テニス部を全国優勝に導いており、実績も申し分ない。

私も、進学実績や部活動の実績を数多く残してきたのは事実である。ただ、実際にそれをゼロからつくっていくことの難しさも、身をもって体験してきた。チアダンス部をつくり、成果を出すために努力することは出来る。しかし、「すぐにでも結果を出せるんでしょ」という空気の中で活動することへのプレッシャーがあり、顧問になることにはためらいがあった。

しかし、チアダンス部は私が指導するということが既定路線のようになっており、すでに体育館の2階にダンス場をつくることが決定し、建設準備も進んでいた。

心の声と対話し、悩む日々が続いたが、実績を買われてここに来た以上、それをやってのけるのが本当のプロではないのか、いつからかそう考えてみるようになっていた。

コーチとキャプテンがいない!?

長年の経験から、私の頭の中には「成功する部活動の三つの要素」というものがある。

その一つ目は、マネジメントが出来る顧問。活動全体を統括的に見ながら方向性を指し示し、チーム全体を導く存在だ。これは経験豊富で、自信を持って生徒たちに発信出来る人物がのぞましい。

二つ目は、技術指導が出来るコーチ。その道のプロとして、その競技を長年経験してきた結果、指導方法に確立したビジョンを持っている。さらに、生徒たちの技術を向上させられる存在である。

三つ目は、リーダーシップに溢れるキャプテン。実際に選手として部員たちをまとめ、顧問やコーチとの連携を取りつつ、同学年や後輩たちから尊敬される存在。

一つ目の要素は私がやらせていただくことになる。しかし、二つ目と三つ目の要素がまだ見えてこなかった。

まず、二つ目の技術指導のコーチの存在。どこのチームでも、出来れば優秀なコーチを手に入れたい。そのためには、長年にわたりしっかりとしたチーム運営が継続されており、やる気に満ちた指導者と選手が存在していること。さらに、全国規模で実施される高いレベルの大会への出場意志があり、実際に数年にわたって出場し、ある程度の存在感を示していること。これらの条件が揃った場合に、それに見合ったコーチとの契約が可能になってくる。

もちろん、普段の練習はキャプテンを中心に創意工夫しながら組み立てていく。コーチに来てもらうのはだいたい月に2、3度である。作品をつくるにしても、振り付けも自分たちで考えていくことは出来る。実際に文化祭や地域のイベント等に出演する場合、自分たちでつくった作品で演技をすることも多く、それも素晴らしい経験となる。

ただ、幸福の科学学園で期待されているような大きな大会で結果を出すには、そう簡単にはいかない。常にチアの世界の最新のトレンドを精緻に把握し、楽曲とテクニック、全体の構成、世界のチームの動向に精通した専門家の存在が必要であった。

そのような優秀なコーチをチームに招へいするのも、顧問である私の仕事だ。コーチを招へいする際、今までのチームの実績や目指している理想を熱く語る必要がある。

ところが、いかんせん全く新しく始まる学校であり、実績がない。しかも、そもそも部活動の実績以前に学校が成り立つのか、実際に生徒が集まるのか、全てが未知数である。さらに、那須の山奥に建つ学校で、アクセスも決していいとは言えない。普通に考えれば1年目から優秀なコーチを呼ぶのは不可能に近い。あとは、前任校で私が培ってきた人脈と実績に頼るしかない。

もともと私もチアの世界の出身者ではなかったため、人脈づくりには苦労した。やはり結果を出すことで多くの人脈を築くのが一番の有効な手段であったが、私にはほかの指導者にはない特徴があり、それがある意味でメリットとなっていた。

それは男性だということである。

チアの世界では、言うまでもなく圧倒的に女性のほうが多い。指導者もそうであり、当時、私のような男性の顧問は珍しい存在であった。それが逆に目立つことになり、わりと早く覚えてもらうことが出来た。

結果が出ない頃も、大会後よく大会本部を訪ね、今後どのあたりを注意すればよくなるのかを審査員の方たちに直々に聞いたりした。他校の顧問の先生方とも出来るかぎり積極的に連絡を取り、大会のスタッフなどに入りながら人脈を広げた。

前任のY女子高校には優秀なコーチがいたのだが、そのコーチが所属する団体の責任者の方にもとてもお世話になっていたので、私が退職する際に、「次の学校でもチアダンス部をつくる可能性があるので、ぜひどなたかコーチを派遣していただけませんか」とたびたび声をかけていた。その時は、「何とかします。もし誰も見つからなければ私が行きますよ」と言っていただき、安心感を持っていた。

ところが、いざ具体的にその時期が近づき、あらためて正式な依頼を申し入れてみると、とても申し訳なさそうに、「実は難しくなってしまいました。本当にすみません」と返答されることになってしまった。確かに、かなり優秀なコーチが揃っている団体だったため、掛け持ちも多く、これ以上指導するチームを増やすことは不可能な状態ではあったようだ。そこに、地方の全くの新設校からの誘いである。断られても無理もない。

当たり前といえば当たり前だが、ある程度の期待感があっただけに、ショックも大きかった。この件で、私は自信を失ってしまった。

さらに、三つ目の要素についても難しさを感じていた。今でこそチアの人口は増え続けており、ジュニアのチームも数多く結成され、裾野《すその》の広がりを見せている。それでも、野球やサッカー、バスケなどの日本におけるメジャースポーツと比べると、まだまだ経験者の人数は少ない。また、高校、大学と年齢が上がるにつれて人数も増えていくが、中学と高校に入学してくる生徒で、チアダンスの経験者がはたしているだろうか。ましてや生徒数もそう多くない学校である。しかも男女共学なので、女子の人数は半分しかいない。

おそらくこのままでは、コーチも核になる中心選手もいないまま、全員初心者でチームをスタートすることになるだろう。周囲からは、すぐにでも全国大会で活躍するに違いないという期待を背負っているにもかかわらず――。

正直、私は逃げ出したい気持ちであった。

そんな時、私の前に一人の中学生が現れた。それは、チアダンス部の運命を変える大きな出会いであった。

その中学生の名前は、小林裕美《こばやしひろみ》。通称「ぴろ」。当時、横浜のY学院中学の3年生であった彼女は、チアダンス部に所属していた。そして幸福の科学学園高校への進学を真剣に考えているらしかった。これは願ってもないチャンスである。

私は何度か彼女に会いに行った。彼女からは、存在感もリーダーシップも存分に伝わってくる。中心選手が見つかった。これでチアダンス部がスタート出来るという確信が持てた。

あとはコーチである。この時私に一つの考えが浮かんだ。ぴろが通っているY学院中学には、JCDA（日本チアダンス協会）のコーチが指導に当たっていた。JCDAに私の実績とぴろの存在をしっかりアピールすれば、コーチの派遣の了承を得ることが出来るのではないか。新設校で山奥ではあるが、ここはマイナス要因を上回るアピールと交渉力を発揮するしかない。

学園の建学の精神と新設校だからこそ出来る新しいチャレンジ、チアダンス部にかける思い、JCDAさんが3年間育てた選手を引き続き見ていただきたいということを猛烈にアピールし、ついにコーチの派遣が決定した。
これで「成功のための三つの要素」が全て揃った。あとはやるしかない。

いよいよチアダンス部始動！

2010年4月7日、記念すべき第1期生が入学した。高校1年生3クラス、中学1年生2クラスでのスタートである。栄えある第1期生の高校1学年主任には、私が就任した。併せて高校1年1組の担任も受け持つことになった。そしてチアダンス部の顧問。重責であったが、この時点では、私にこれだけの役割を与えていただいたことに感謝し、かえってそれをモチベーションとして、「やるべきことを全身全霊でやるしかない」というスッキリとした気持ちになっていた。

当日、学園創立者である大川隆法《おおかわりゅうほう》総裁からお話をいただくこととなった。演題は「信仰と天才」。

その中で、その後の学園生たちの指針となる「五つの徳目」が示された。冒頭で、「皆さんは信仰を持っていると思うが、信仰を持ったら即天才になれるというわけではない」という主旨のことをお話しされた。「信仰と天才をつなぐものがある。それは、努力・忍耐・継続・感謝・

報恩の五つである」。

この五つの徳目を提示していただいたことは、本当にありがたかった。のちに、学園生はあまり努力をしないうちから、すぐに「日本一だ！　世界一だ！」ということを口にするようになり、私は学園生のそういう姿を見るたびに、この五つの徳目と自分の生活とを照らし合わせて、足らざる部分を反省するよう促すことができたからだ。学園生にとっては、大きなバイブルとなった。

オリエンテーションも終わり、4月の中旬からしばらくの間、部活動の仮入部期間となった。幸福の科学学園チアダンス部の公式HPには私は開校当初からこう書いていた。

「いよいよ開校です！　チアダンス部も世界を目指して頑張ります！」

こうして待ちに待った部活動がスタートした。仮入部の初日から、ぴろは参加してくれた。入部の意志ははっきりしていた。初代キャプテンの誕生である。

広い体育館に期待を膨らませた面持ちで、一人、また一人と少女たちが集まってきた。「チアをやるんだ！」と意気込んでいる生徒や、何部に入ろうか迷いながら、とりあえず来てみましたという生徒もいる。

それにしても驚いたのは、中学1年生の体の小さいことだ。私の前任校は高校のみだったので、中学生とは接することがなかった。はっきり言って、彼女たちはまだ小学生にしか見えない。ちっちゃな子どもたちが、わけもわからず、あどけない笑顔で迷い込んできてしまったという印象だった。

高校生も何人も集まってくれたが、中学時代の部活動は皆バラバラ。陸上部、バレーボール部、吹奏楽部……。

目指すのは世界の舞台。しかし、今、私の目の前に集まってきたのは、チアの経験のない、ごく普通の女の子たち。

そして、コーチも仮入部期間に駆けつけてくれた。ゼロから新しく部活動をつくるということに魅力を感じ、学園の理念や私たちの目指す方向性に賛同して、開校時から指導を買って出てくれたJCDAのMコーチ。彼女はすでに人気も実力もあり、各種ダンス雑誌等でも活躍中だった。そんな人材が手をあげてくれたのは、本当にありがたかった。那須まで月に2回ほど指導に来てくれることになった。

結果的に、中学1年生9名、高校1年生9名の合わせて18名がチアダンス部に入部してくれた。ここから、チアダンス部の歴史がスタートしたのだ。

チアダンスの成り立ち

では、そもそもチアダンスとはどのような競技なのか。

現在、「チア」という言葉は幅広い定義で使われているが、直訳すると「励まし、歓呼《かんこ》、元気、元気づける」といった意味を持ち、様々なスポーツの応援をする際に、観戦席でその応援を指揮する「リーダー」を「チアリーダー」と呼んだ。今では、広い意味でチアする人をチアリーダーと言うこともあり、日本では女性の場合「チアガール」、男性の場合「チアマン」と言ったりもする。

その後、チアリーダーは他の競技を応援するだけでなく、自ら行うスポーツ競技に発展し、チアリーディング競技が誕生した。

チアリーディングは、もともと観戦席での応援から発展してきたため、2階席や3階席にもリーダーの姿が見えるよう、肩の上に選手を乗せ、立体的な組体操のような、アクロバティックな演技を特徴とする。

ただ、危険度が高く、一定の筋力を必要とするため、小中学生で取り組むのは難しい。そこで、チアの裾野拡大も含め、チアリーディングから派生したスポーツ競技として、「チアダンス」が生まれた。これは、チアリーディングの立体的な組体操のような要素を取り除き、踊りの部分に特化したものだ。ポンポンを持って踊るポンダンスやラインダンス、ジャズダンス、ヒップホップ等の要素を取り入れ、その表現力や完成度を2分30秒の演技で競うものである。ちなみに、ユニフォームなどはチアリーディングと変わらない。

中高生ではむしろチアダンスが一般的で、「ソングリーダー」という呼び方をすることもある。ジュニアも含め全国的に多くのチームで行われており、規模の大きな大会も複数開催されている。

この十数年でテレビのバラエティ番組やドキュメンタリー、ドラマなどでも数多く取り上げられるようになり、全国的にチアダンスの一大ブームが巻き起こり、今では大人から子どもまで幅広い層で活動が行われている。女子中高生にとっては憧れの競技の一つだ。

幸福の科学学園チアダンス部が出場を目指す大会は、主に三つの大会である。

①USA（ユナイテッド・スピリット・アソシエーション）ジャパンが主催する「USAナショナルズ」

②ミスダンスドリルチーム・ジャパンが主催する「全国ダンスドリル選手権」

③JCDAが主催する「全日本チアダンス選手権」

ほかにもいくつか大会を主催する団体が存在するが、現在チアダンスやソングリーダーのカテゴリーで出場する場合は、この三つの組織が最大であり、それぞれ特徴の違いはあるが、日本におけるチアの普及に大きく貢献してきた。

この三つの団体の特徴は、チア発祥の地であるアメリカにそれぞれ本部があり、日本での全国大会を勝ち抜くと、アメリカで開催されるそれぞれの世界大会に出場出来ることである。

●USAナショナルズ→UDA主催の世界高校チアリーディング選手権

●全国ダンスドリル選手権→MDDT主催のダンスドリル世界大会

●全日本チアダンス選手権→NDA主催のダンスドリル全米選手権

さらに、それらの大会の上位組織として「ICU（国際チア連合）」が近年立ち上がり、現在、世界109カ国が加盟している。2009年4月には、アメリカでチアのワールドカップとも言える「第1回ICUチアリーディング世界選手権」が開催された。

ICUは世界のルールや技術レベルの標準化を目指して結成され、現在、チアの「オリンピック競技化」を目指して活動している。オリンピック競技に選ばれるためには、まずは世界的な組織が運営されて各大陸に一定の加盟国があり、各地域を勝ち抜いた国々による世界選手権が開催されていること。そして、ワールドゲームズなど世界規模の大会を数多く手がける国際的なスポーツ普及組織である「スポーツアコード」というIOC（国際オリンピック委員会）承認団体に加盟する必要がある。

ICUは、2013年5月のスポーツアコード総会において、加盟団体として正式に認められた。近い将来、チアがオリンピック競技となり、幸福の科学学園チアダンス部からオリンピック選手が出るという夢も膨らんでくる。

ＩＣＵに加盟している日本の組織を「チア・ジャパン（日本スポーツチア&ダンス連盟）」と言い、前述のＵＳＡジャパンとミスダンスドリルチーム・ジャパンとＪＣＤＡが協力して運営している。

まずは、これら三つの団体が主催する国内大会で結果を出すことが、我々の当面の目標になる。

チアダンス部結成の目的

２０１０年４月17日、正式にチアダンス部に入部した18名の生徒たちを集め、第１回目のミーティングを開いた。

教室に入ると、緊張した面持ちで生徒たちが席に座っている。ここで、少しリラックスさせてあげるために和やかな笑顔を見せることも出来ただろう。しかし、私はそれをしなかった。

生徒というのは、初対面の教師に対して、この人はどこまでの甘えを許す人だろうかと見定めていたりするものである。最初に優しい顔を見せてしまうと、お互いの関係に緊張感がなくなっていく。よかれと思ってハードルを下げてしまうと、かえって生徒たちの成長の可能性の芽をつんでしまうことになるのだ。それがエスカレートすると、人の話を聞かなくなり、やがて指導に従わなくなり、自分を厳しく律することが出来なくなっていく。

むしろ、大人の側が毅然《きぜん》とした態度を保ち、逆に高いハードルを掲げてあげれば、生徒たちは意外に乗り越えていけるものなのだ。子どもたちの将来の可能性のために、こちらも真剣勝負である。ここで甘い顔を見せるわけにはいかない。

ミーティングであれば、しっかりと話し手の顔を見ていない生徒がいたら厳しく指導する。「常に姿勢を正して話し手から目をそらさない」「必要に応じてしっかりとメモを取る」ということを私は徹底指導している。

そうした当たり前のことを当たり前に出来る人間を育てるために、この日のミーティングも緊張感のある引き締まった空気の中で行った。

その日のミーティングでは、チアダンス部の目的は「人間的に成長すること」であり、他人やほかのチームを蹴落としてでも自分たちさえ優勝すればいいというわけではないことを、最初に伝えた。

そもそも、目的と目標とは違うものであり、目的とは結成の理念という言葉に置き換えてもいいもので、要は「何のために活動するのか」ということだ。それを全員がしっかりと共有した上で、それに見合った具体的な大会等の目標が設定される。

踊りがうまくなることが目的ではなく、あくまでも、ダンスを通して「努力・忍耐・継続・感謝・報恩」ということを学び、チームの仲間たちと共に「自分を成長させていくこと」が目的である。

ただ、その成長は、各人の本気に比例するものであり、高い目標を持つことで、より多くの成長が得られることになる。だから、我々は自らに高い目標を課したいと思う。

それは、今から3年後、今の高1が卒業する前に、「世界一」になることだ。

きっと大変な道のりになるだろう。全国大会に出場することの大変さは、誰よりもわかっているつもりだ。ましてや、全国優勝、さらに世界一となると、本当に多くのものを乗り越えていかなければならない。

私は、前の学校で、あと一歩で全国大会出場を逃すという経験を数多くしてきた。さらに、出られるようになっても、優勝候補と言われながら、3年連続で日本一を目前で逃すという経験もした（3位、準優勝、準優勝）。

だから、本当は、簡単に「世界一」などという言葉を使うべきではない。ただ、「目標がその日その日を左右する」という言葉もある。その目標から逆算して、日々の生活を組み立てなければいけない。

ぜひとも、この大きな目標を達成し、人間的に大きく成長を遂げてほしい。今回入部してくれた生徒たちなら、きっと実現出来ると信じている。私も共にさらなる成長を目指して頑張りたい。

ゼロからの挑戦なので、色々と心が揺れることもあるだろう。実際に練習をしてみて大変さを感じ、ほかの部に移りたいと思ったり、部活より勉強をもっと頑張りたいという気持ちになることもあるだろう。それは、しかたのないことかもしれない。

ただ言えるのは、チアダンスでなければいけないということはないが、せっかくの学園生活、何か本気で打ち込めるものを見つけて、全力で取り組んでほしい。そして、学園でリーダーとして活躍し、将来、日本や世界のリーダーとして、この地球の繁栄のために活躍してほしい。チアダンス部で活動すれば、そうなれる可能性が高いと私は思っている。

このような主旨のことを、私はこの時、生徒たちに熱い念《おも》いを込めて語った。

どんな時も明るく周りを照らす太陽

たまに聞くことがあるのが、部活動で優勝するためにはほかの活動をやる余裕はないので、委員会やクラスの仕事には一切関わるな、という指導法である。

しかし、幸福の科学学園チアダンス部では、チアダンス部の活動だけ頑張り、クラスの活動や寮生活には非協力的で、勉強もしないということであってはいけない。周囲に迷惑をかけて、自分さえ結果を出せばいいということでは本当のリーダーとは言えない。すなわち、部活動も全力でのぞむが、勉強も、委員会活動やクラスの役割、寮の仕事や様々な行事などの場面でも、常に全力で、礼儀正しく、ほかの生徒たちの模範となって引っ張っていくということが大切である。

そういった人並み以上の努力が真の自信につながり、その自信が「オーラ」となって人々に影響を与えるのだ。

その際に、大変そうな顔をしながら「苦しい修行を頑張っています」というのでは、チアリーダーとは言えない。どんな時でも、明るい笑顔と元気な挨拶で周りを照らす太陽のような存在を目指していきたい。「辛い時こそ笑顔で頑張る」存在になってほしい。

入部した生徒たちは、この主旨をよく理解し、賛同してくれた。あとは実際に行動し、それを継続出来るかだ。

そして、生徒たちにそれを求める以上、私自身も自分に厳しく自己鍛錬を重ねなければならない。だからこそ、部活動の顧問としてだけでなく、学年主任もクラス担任も世界史の授業も受験指導も、全て全力でのぞむことが求められる。またそうであってこそ、生徒を指導する言葉にも「言霊《ことだま》」が込もり、説得力が増してくるのだ。決して甘やかすことなく、彼女たちのハードルを下げないように導いていくために、自分に厳しくあることが大事である。

実際、数年間でこの方向性がしっかりと伝統として根づいていくことになる。のちにチアダンス部は、学園で最も学業成績のいい部活動となった。学年トップをはじめとする成績優秀者を多数輩出するだけでなく、入部してから成績が向上する生徒が多数を占めている。また、各種委員会でもリーダーシップを発揮し、文字通り「チアリーダー」として他の生徒たちの模範となって活躍している。

彼女たちの姿を見ていると、つくづく人間の可能性の偉大さというものを実感する。

ごく普通の女の子たち

前に紹介した三つの大きな大会で、日程的に最初に行われるのが「全国ダンスドリル選手権」である。例年6月に地方予選があり、7月末に全国大会が実施される。チアダンス部の活動は始まったものの、初心者中心で結成されたばかりのチームでは、この大会へのエントリーは難しいと判断し、11月に行われるＪＣＤＡ「全日本チアダンス選手権」の地方予選を大会デビュー戦と位置づけた。

それまでの間、当面の目標は、6月に開催される体育祭での演技披露と、9月の文化祭での発表である。

入部してきたのは、本当にごく普通の女の子たちであり、まず基本的な体づくりから始めなければならなかった。

チアの場合、何と言っても体の柔軟性が大事である。18人のうち、わりと柔らかいと思えたのは4、5人だけであった。練習の最初に通常のストレッチや柔軟体操も入念に行うが、多くの生徒は開脚の練習に悲鳴を上げることになった。

座った状態で左右に両足を広げて、前かがみになり、後ろから背中を押してもらう。足は180度に開き、体はお腹までピッタリと床につける。次に、前後に足を開き、前に開いた足と後ろに開いた足が完全に一直線に伸びて床にピッタリとつく。この両方が求められる。

こうしたものは、毎日努力を継続すれば必ず誰もが出来るようになるが、硬い子は出来るまでに半年以上はかかる。毎日の練習の中で開脚の時間になると、目に涙を浮かべながら苦痛に顔をゆがませている生徒も多かった。

また、大会で2分30秒の演技を笑顔で踊り切るためには、そうとうの体力と筋力が必要となる。そのために、いわゆるサーキット・トレーニングを行うことになる。体育館の端から端までダッシュで往復、次に片足でジャンプしながら往復、次は両足を揃えてジャンプしながら往復、その途中に馬跳びや腕立てを交えたり……といったものである。体力がなく、すぐに息が上がってしまう生徒も多かった。

さらに、体の軸をしっかりとつくるために、バレエレッスンも重要であり、また、綺麗《きれい》な姿勢を保つためにウォーキングやステップの反復練習も欠かせない。

こうした基本練習がしっかりと出来た上で、ダンスや技の練習に入っていく。基本練習を疎《おろそ》かにするチームは、結果的に成長が遅く、成果が出せない。

それに、辛い練習はしないで手っ取り早く結果だけがほしい、という自分に甘い生徒を育てるわけにはいかない。妥協する癖や、辛いことから逃げる傾向性がついてしまうと、結局自らの成長の芽をつんでしまうことになる。

だから、私は練習中、決して甘い顔を見せない。ハードルを下げることも絶対にしない。自分を甘やかす生徒が出ないように、常に厳しい表情を崩さずに叱咤激励《しったげきれい》する。創部当初のチアダンス部の練習を見ると、生徒たちはまるで「蛇に睨《にら》まれた蛙」のようだったかもしれない。

しかし、そんなごく普通のあどけない女の子たちが、やがて世界を目指してたくましく成長していく。彼女たちをそこまで突き動かしたものはいったい何だったのか。それをこれから少しずつ語っていきたい。

チーム名決定！

第1章
ゴールデン・グリフィンズ「誕生」

チアのチームには、学校名や部活動名のほかに、チーム名がついているのがほとんどだ。結成されたばかりの幸福の科学学園チアダンス部には、まだチーム名がなかった。

この先ずっと使われる愛称として、1期生にその決定が委ねられた。幸福の科学学園らしいチーム名をつけたい。エンジェルズやハッピーズなどいくつか候補があがったが、どれもしっくりこない。すでに他校で使われている名前も出来れば避けたい。皆が案を考えながらも、決定までにひと月以上の時間が流れた。

何をもって「幸福の科学学園らしい」と言えるだろうか。考え続けていたある時、ぴろたち高1から、「幸福の科学学園らしい、いい名前が見つかりました！」という提案があった。

幸福の科学では、若者のことを「未来の大鷲《おおわし》」と呼ぶことがある。これは、学園創立者である大川総裁の著書『青春に贈る』（幸福の科学出版刊）に収められている「青春の方法」という詩の一節、

「未来の大鷲にも、飛べない雛《ひな》の時代はあるのだ」

という部分に由来している。

幸福の科学学園の校歌「未来をこの手に」の歌詞の中にも、「今は飛べない雛だけど、いつかはきっと鷲になる」というフレーズがある。

これらから取って「鷲」をモチーフに入れるのは、とても幸福の科学学園らしいネーミングと言える。ただ、「イーグルス」という名前は、すでに色々なスポーツチームが使っている。

もう一つ、学園の象徴と言える存在として、創立者の寄付によって建てられ、その名を冠した「大川隆法《おおかわりゅうほう》記念講堂」がある。この記念講堂の入り口の両サイドに、守護神として2頭のライオン像が置かれている。

高1のメンバーは、この「鷲」と「獅子《しし》」の二つに目をつけた。そこで浮かんだ名前が「グリフィンズ」である。

「グリフィン」とは、「鷲」の翼と上半身、「ライオン」の下半身を持つ伝説上の生物で、黄金を発見し守るという言い伝えから、「知識」を象徴する図像として使われる。また、鳥の王と獣の王が合体しているので、「王家」の象徴としてももてはやされてきたようである。

ついに念願のチーム名が決定したのは、5月24日。

最強の鳥獣「グリフィン」に、ナンバーワンの象徴である「ゴールド」を合わせた、「ゴールデン・グリフィンズ」の誕生である。

獅子に守られた記念講堂を持ち、未来の大鷲を目指す我々にピッタリの、最高のチーム名が見つかった瞬間であった。

２０１０年6月6日、記念すべき第1回体育祭が開催された。チアダンス部は、昼食後の各団による応援合戦の直前に演技を披露することになった。これが、正式なデビューである。結成からわずか1カ月ほどであり、まだユニフォームも出来ていない。この時は、出来たばかりの紺色の初代チームTシャツで統一し、右手に赤、左手に金のポンポンを持って、自分たちでつくった作品を精一杯披露した。今ではグリフィンズの恒例となっている、ポンポンで文字の形を表す、いわゆる〝ポン文字〟も、この時が初披露であった。

皆さんから、「動きがよく合い、キレがあって素晴らしい！」と、お褒めの言葉をたくさんいただいたのを、今でも懐かしく思い出す。

ここから、彼女たちの大きな夢への第一歩がスタートした。

新人類の「キラキラ感」

一つの達成感を得たあと、次に向けてのモチベーションを高めていくのが、実は難しい。ゴールデン・グリフィンズの次の目標は、9月の第1回文化祭である。

この時点でのグリフィンズのメンバーは14人。入部したのが高校生9人、中学生9人の18人だったので、すでに4人が退部していた。中高2人ずつ退部したため、高校生7人、中学生7

人の計14人である。

理由はそれぞれだが、大きくは、やはり思っていたより練習が大変で、ついていけないというものであった。縁あって入部した生徒が辞めていくのは本当に辛いことであるが、開校間もなくで、まだ何もわからなかった当時であり、やむをえない面もあった。

ただ立派だったのは、この先、中1のメンバーからは、一人の退部者も出なかったことだ。むしろ中2になって1人増えているのだ。

創部6年目の現在は人数も多く、経験値もついてきているので、基礎練などは全体でするが、練習の後半は中高分かれて別々にチーム練習を行う。当然、大会のエントリーも、中高別で、それぞれの大会に出場している。

しかしこの当時、人数的にも経験・技術的にも、高校と中学を分けて部活を運営するということはしていなかった。大会にも同じ一つのチームとしてエントリーしていた。

チアの大会では、一般社会人部門、大学生部門、高校生部門、中学生部門、ジュニア小学生部門というように分かれているのが普通である。しかし、私立の一貫校などでは高校生部門に中学生が混ざったり、中学生部門に小学生が混ざったりと、年代を超えてチームを編成することも出来る。要は、そのチームの中の最年長の一人がどの年代に当たるかで、エントリーすることになるのだ。

それに基づき、ゴールデン・グリフィンズの1年目は、高1・中1混成チームで高校生の大会にのぞんだ。先ほども触れたが、やはり1年目は人数的にも力的にもこうするしかなかった。しかし、普通に考えれば、中1と高1といえば、色々な面で大人と子どもほど違って見えたりする。中1が高校生と一緒に練習し、大会に出場するのは本当に大変なことだったと思う。

ところが、この時の中1からは、そんな悲壮感のようなものは全く感じられなかった。もちろん見た目は大人と子どもだったが、その取り組みにおいては年代の差を感じさせないものがあった。常に明るく前向きで、辛いはずの練習を積極的に楽しんでいる。私は彼女たちを見ていて「新人類」だと思った。

グリフィンズの中学生の演技を見ていて、独特の「キラキラ感」を感じる時がよくある。心が透明で、何とも言えず輝いていて、楽しんでいる。とにかく「キラキラ感」と形容するのが一番しっくりくる姿である。そこには、いわゆる「やらされている感」がないのである。見てくれる人たちに元気や勇気を届け、楽しんでもらいたいという純粋な思いに溢れているのが伝わってくるのだ。

この学年から、中学生のリーダーを一人選出した。それが神野杏奈《じんのあんな》である。グリフィンズの目指す方向性を体現している存在であり、部活動でも常に全力で力を発揮していたが、生活面も模範的であり、学業面では学年で成績トップであった。

今では誰もが認めるリーダーの中のリーダーという人物だが、彼女はもともと小学校時代からリーダーシップを発揮していたわけではなく、むしろあまり表に出る存在ではなかったそうだ。学園に入学してから、その能力が開花されたと言ってもいい。

では、何によってこの能力が開かれたのか。それは、キャプテンのぴろの存在であった。常に部員一人ひとりのことを考え、その時その時に必要な声かけをしている姿。チアに対する取り組みの真剣さ。強烈なリーダーシップ。

彼女たち中学生を育てたのは、やはり高1のメンバーなのである。

ただ、その高1たちは、中1とは少し違う状況に置かれていた。言ってみれば、中学生が独特の「キラキラ感」を発揮できたのは、高1が色々なものの盾になって、プレッシャーを受け止めてくれていたからでもある。

三つのプレッシャー

当時の高1には、いくつかのプレッシャーがかかっていたのは事実である。

一つ目は、結果に対するプレッシャー。

私が周囲の「すぐにでも結果が出るに違いない」という期待に対して感じていたのと同じも

のを、高1も感じていた。

二つしかない強化部のもう一つのテニス部は、この時点ですでに結果を出していた。デビュー戦である5月の高校総体県北部支部大会で、いきなり男子シングルスで優勝、ダブルスでも優勝していたのである。それも、相手は高2や高3がいるなかで、開校間もない高1だけのチームで優勝したのである。彼らは続く9月の新人戦では県大会に出場。北部支部で優勝した男子生徒が、県大会でも高2に混ざっての初出場でベスト8。女子も県でベスト16に入る大健闘を見せた。

チアダンス部の大会デビューは11月末である。そもそもまだ大会に出場すらしていない。賞状や優勝カップを掲げるテニス部の選手が眩しく見えた。

そして二つ目は、学業との両立の問題。

中学生にもあるだろうが、高校生独特のプレッシャーは、大学入試である。彼女たちが目指すような難関大学に現役で合格するには、どうしても高1のうちからしっかりと学業に取り組まなければ難しい。もちろん全国を代表するようなトップ進学校の生徒たちであれば、高3まで目一杯部活動に励み、引退後、最後の追い込みで一気に巻き返して合格するということもあるだろう。しかし、これから本格的に進学校にしていこうという学校から、難関大学に現役で合格することの大変さは、私も前任校でイヤというほど見てきた。

実は、私の前任校の特進クラスと、幸福の科学学園生の学業成績のレベルはかなり近いものであった。当時、Y女子高校の特進クラスでは、基本的に部活動は禁止、放課後は毎日進学に向けた講座が実施されていた。チアダンス部で活躍していた生徒は特進クラスではなく、高3の夏まで目一杯部活動に取り組み、ほとんどが推薦入試で進学していた。ところが、幸福の科学学園のチアダンス部の高1は、部活動もしながら、難関大学を目指すのだ。

もちろん、授業中にしっかり集中して、その場で覚える努力をし、効果的なテキストに絞り込んで、効率よく繰り返して学習する。細切れ時間を活用して、優先順位に基づき取り組んでいくなど、工夫の仕方は様々にある。

ただ、そうは言っても、早い段階から学習習慣を確立することは必須である。Y女子高校で6年間、特進クラスの担任をして感じたことは、高1のうちから生活習慣と学習習慣を確立し、受験生としての意識を持って本気で取り組まなければ、難関大学への現役合格は難しいということだ。実は高1の間の生活で、かなりの部分、現役合格出来るか否かが決まってしまうのだ。

自分の高校時代を思い出してもよくわかる。私は小学校時代、YOという有名進学塾で当時中野国立組と言われた全国トップのクラスに在籍していた。中学入試はあまり成功したとは言えなかったが、新御三家と呼ばれる進学校に入学した。

しかし、その後は油断から勉強をナメてかかり、努力を怠った。中1の1学期はクラスで1

位だったが、高3の時にはクラスで40位であった。それでも「そのうちやれば出来る」と勝手な自信を持ち続け、早慶ぐらいには現役合格するだろうと本気で思っていた。結果は浪人。落ちて初めて現実の厳しさを知った。同じように、実際に落ちるまで現実に気づけない生徒が意外に多い。

高1で生活習慣を固め、高2までに基本的な学習をマスターし、高3で入試問題演習を繰り返す。そして、大学入試は傾向と対策が重要であり、情報戦でもある。志望校を少しでも早く決定したほうが対策の期間を長く取れるので有利だ。入試科目の絞り方や時期も大事になる。ゴールデン・グリフィンズの高1が、これらの試練を乗り越えて結果を残すことが出来るか、ハードルは高かった。

そして三つ目のプレッシャーが、私の存在であった……。

生徒からの直談判《じかだんぱん》

二つのプレッシャーについて紹介したが、どちらにも共通しているのが、「ねばならない」という感覚である。「大会で勝たねばならない」「有名大学に合格しなければならない」。どちらも、先ほど中学生に見られると言った「キラキラ感」を阻害する要因である。「キラキラ感」

がどこから来ているのかと言えば、「自ら進んで、好きだから楽しんでやっている」「多くの人たちに喜んでもらいたい」という感覚である。つまり、「やらされている感」がない状態であるということを先ほども述べた。

部活動が成功するか否かを分ける要因として、このやらされている感の部分がある。いや、やらされている感があっても、ある程度のところまでは到達する。場合によっては、全国でも上位に名を連ねるチームになる可能性はある。

しかし、本当の意味での頂点には立てない。

何の競技においても、指導者の存在は大きい。カリスマ的な指導者が、ある意味独裁的に、自分のやりたいように生徒を動かすことで、結果を出すことも出来る。ただし、その生徒は駒となって動いているだけで、人間的に成長を遂げているかはわからない。卒業後、社会に出て本当にリーダーとして使える人材になるかといえば疑問が残る。

サッカーの日本代表でも、当然、カリスマ的な指導者が就任し、指導する。その際、監督の目指すサッカーがあり、全体の方向性として、それを選手、コーチが共有し、指導に基づいて戦いを進める。ただし、試合が始まって実際にグラウンドでプレーするのは選手である。一人ひとりの選手が、その局面ごとに柔軟に対応し、プレー出来るかどうかも重要になってくる。普段から全体の方針は理解し共有しつつも、その中で出来ることを自分で考えてプレーしているかが問われるのだ。

よくサッカーのワールドカップの直前に、監督による全体ミーティングとは別に、それを踏まえた上で、キャプテンが選手を部屋に集めて自分たちのミーティングを行い、そこで一人ひとりが実際に何を考えているかを発言し、お互いを理解したことが勝利につながった、という話を聞く。

単に駒として動かされるのか、戦術を理解して自らの意思で動くのか、ここに大きな違いが生まれる。やらされているのか、自らやっているのか。わずかな違いにも見えるが、モチベーションに大きな違いが出てくるのは明らかだ。自分でやろうと思って動く場合には、責任も生じるが、その分やる気も大きくなる。「やらされている感」があるかないかは、大きな違いを生む。

ただ、私はグリフィンズ結成当初、肩に力が入りすぎ、生徒たちが自主的で創造的な能力を発揮する場面を奪っていた面があった。

今振り返れば、焦りがあったのは事実である。新設校が世間に認知されるためには、何か目に見えた結果を出すことが必要である。前任校での実績を買われてきた自分が、その代表としてしっかりと結果を出さなければならない。

部活動の目的は「人間的な成長」であって目先の勝利ではない。「やらされている感」はいけないと日頃から言いつつも、私の存在が生徒たちにはプレッシャーになっていたようだった。

ほかの部活の手本となり、自分のやり方を皆さんに見てもらうことで学園全体の成長につなげなければと、「自分のやり方」というものを強く打ち出していた。

そんななか、キャプテンのぴろは、もう少し自分たちの考えややり方を部活動に反映したいと感じていた。そして、副キャプテンの串畑真愛《くしはたまい》と二人で私のところに直談判に来た。

「先生、お話ししたいことがありますので、お時間を取っていただけないでしょうか」

大柄な体格で彫りが深く、日本人離れした容貌を持つぴろが、真剣な眼差しで私を訪ねてきた。情熱的で、常に気持ちが前に出ているような、熱いハートのぴろ。彼女が部活中に後輩たちを叱咤激励する姿は、中1にとっては震え上がるほどの迫力がある。

副キャプテンの真愛《まい》は、一見女の子らしいチアガールといったふうに見えるが、ぴろに負けず劣らずの芯の強さを持っており、一度決めたら簡単には譲らない心の持ち主である。

「普段の練習を、もっと私たちに任せていただけないでしょうか」

彼女たちの言うのはもっともであった。もっと彼女たちを信頼して任せなければいけない。いや、正確に言えば、もともと彼女たちを信頼していたのであるが、その信頼の思いが伝わっていなかったのだ。

この日を境に、何かが変わりはじめた。生徒と教師が信頼し合い、皆でチームをつくっていくというチームづくりの原点が取り戻された。私もこれで肩の力が抜けた。勇気を持って伝えてくれた高1には感謝している。皆が本来の自分を取り戻し、成長への軌道を本格的に踏み出すこととなった。

グリフィンズ存続の危機!?

この年の夏休み、東京でダンスドリルの全国大会が開催された。国内で開催される三つの大きな大会のうちの一つだ。いずれはグリフィンズも出場する大会になる。また、会場の東京体育館は、この秋グリフィンズが大会デビュー戦に予定している、ＪＣＤＡ全日本チアダンス選手権関東予選が開催される会場でもある。

ほとんど経験者のいない部員たちにとっては、大会のイメージを掴む絶好の機会である。ぜひとも生徒たちに会場の雰囲気を体感させたいと思い、全国大会見学ツアーを企画した。

8月1日の午後、約3時間の道のりをかけて、東京に到着した。この日は都内に1泊し、翌日開催されるダンスドリル全国大会を朝から見学する。全国大会がいったいどんなレベルなのか、まだその現実を知らずに、那須の田舎から久しぶりにやって来た東京の街を楽しむ部員たち。高1生7名、中1生7名の14名の部員たちと、その日の夕食は都内の焼肉屋で思いっきり満腹になるまで肉を食べた。それは本当に楽しい時間であった。学年を超えて、何の屈託もなくみんなで笑い合っていた。

こういう心境で大会を見に来ることは、この先もう二度とないだろう。秋の大会からは自分たちも出場する。その際、前日の夜は、翌日に向けて真剣にミーティングをし、イメージトレーニングや体調管理に励むことになる。

8月2日朝、我々は東京体育館の前に立った。昨日までの時間が嘘のような、ピンと張り詰めた空気が流れていた。全国の予選を勝ち抜いた精鋭チームたちが、会場の前に続々と集まってくる。それぞれの髪型、それぞれのメイク、それぞれのチームカラーのTシャツやジャージに身を包み、真剣な表情で、全身からオーラを漲《みなぎ》らせてやってくる。

グリフィンズのメンバーは、思わずその雰囲気に圧倒され、背筋を伸ばさずにはいられなかった。しかし、会場内に入り、実際に演技が始まると、さらにその圧倒的な迫力に全く言葉が出なくなってしまった。

演技フロアに広がるチーム全員から会場中に発される自信満々のエネルギー。そして、一人ひとりの技術の高さ。グリフィンズのメンバーが今までに見たこともない技を、各チームの選手たちが繰り出している。くるくると三回転のトリプルターンを回る選手を見た中1たちは、思わず、「人間じゃない！」と声にならない声を上げていた。

自分たちと目の前の選手たちとの実力のあまりの開きに、「はたして自分たちはこんなふうになれるのだろうか」と考えてしまう部員が多かった。

とにかく圧倒された。ただただ圧倒された。これが全国のレベルなのだ。この選手たちのやっていることと比べると、今自分たちが練習している9月の文化祭に向けた練習が、とても小さなものに感じられた。

これ以降、グリフィンズのメンバーの間に、異なる二つの思いが芽生えるようになった。

一つは、自分たちが目指すべきものがどんなものなのかよくわかったということ。道のりは遠いかもしれないが、「自分もこの選手たちのように輝きたい！　いつか必ずこの舞台に立つために、今まで以上に本気で努力してみせる」という思いだ。

そしてもう一つは、「自分には無理だ。こういうふうにはなれない」という思いであった。

那須に帰ってから、部活を辞めたいと相談に来る生徒が中高共に続出した。勉強と両立しながら、あのレベルまで成長する自信がないと言うのだ。

ただ、自分の学業成績がよくないのでついていけないと悩む生徒だけではなかった。例えば、相談に来たメンバーの中には、中学生リーダーの杏奈《あんな》もいた。杏奈《あんな》は、成績が学年でもトップクラスであり、普通に考えたら十分両立していると思える。

悩んでいるのは、それだけ自分に厳しく、より高いハードルを課しているからだ。つまり、

「学年トップだった自分が部活を頑張った結果、全国大会で活躍し、成績は学年で10番ぐらいになった」ということでは、自分を許せないのだ。「学年トップを維持したまま、世界大会で活躍した」ということでないといけない。本当にそれが出来るのか。そうした悩みであったようだ。

私もぴろも、当時副顧問だったO先生も、皆で一人ひとりの話を聞き、必死で説得した。それぞれ具体的な悩み方の違いはあったが、実際に活動が本格化していくのはこれからだ。辞めるならその前にという考えがあったのだろうが、逆に、やってみないうちから無理だと諦めるのは本当にもったいない。限界というのは、自分が勝手にそう思っているだけで、実際には超えていけるものなのだ。何かを成し遂げるか成し遂げないかの違いは、最後までやり続けたか、途中で諦めてしまったかの違いだけだ。

ここで辞めたら、絶対にいずれ後悔する日が来る。続けていた友達が、全国や世界の舞台で活躍する姿を見た時、その達成感で魂が輝いている姿を見た時、自分にも出来たのにと後悔するはずだ。私は前任校でも数多くそういう生徒を見てきた。途中で辞めて、それでよかったとあとになっても言う生徒はほとんどいない。

説得の日々が続いた。結果的に杏奈《あんな》も含め多くの生徒は思い留《とど》まってくれた。ここでやってやろうと肚《はら》をくった生徒たちが、その後見事に自分を成長させていく姿は、本当に喜ばしく、輝いて見えた。ただし、それは全員ではなかった。高校生で2人、中学生で1人、悩みながら9月の文化祭を迎えることになった。

第1回「大鷲祭《おおわしさい》」

9月18、19日、幸福の科学学園第1回文化祭である「大鷲祭《おおわしさい》」が開催された。ゴールデン・グリフィンズの発表は、体育館で行われた。

この日、完成した赤を基調としたユニフォームの初お披露目となる。会場には、大勢の方がグリフィンズの応援に駆けつけてくれ、体育館は満員になった。

結成1年目のチームらしい、爽やかで初々《ういうい》しい演技に、大きな拍手が送られた。全部で5曲の演技を披露したが、4曲目が、この秋初めて出場する大会で踊る演技である。演技の前に全員で円陣を組んだ。

「ゴールデン・グリフィンズ、ウィー・アー・No.1! ウィー・アー・No.1!」

そう叫ぶと、右手のポンポンを上に上げて気合を入れる。

大会は11月末であり、まだ完成しているとは言えない演技であったが、この時出来る精一杯の力を出し切った。

演技と演技の合間に、次は何年生が踊るか、どのような曲なのか等を、部員が交替でマイクを持って紹介する。大会の演技を踊り終え、ラストの曲の前に、キャプテンのぴろがマイクを持った。

「この学校をつくってくださったのも、私たちが毎日練習出来るのも、全て応援してくださっている皆様のおかげです！ ここにいらっしゃる全ての方々、また来られていない方々も含め、ご支援くださる全ての皆様のおかげで、私たちはここまで来ることができました」

ぴろの純粋な瞳から涙がこぼれていた。

「私たちはこの半年間、今日の大鷲祭で皆様に演技を見ていただくために、努力を重ねてきました。これからも、演技で元気や勇気を届け、恩返しが出来るよう精一杯頑張ります！ 最後までお楽しみください！」

グリフィンズのメンバーが演技の合間に行うスピーチは、とても心に響くものがあり、感動的であると、多くの皆様から褒めていただき、今では一つの特徴となっている。

その原点はここにあった。一人ひとりが、日々多くの皆様に支えていただいていることを深く実感しており、発表の場で日頃の感謝を伝えたい、恩返しがしたいという強い思いを表していた。

第1回大鷲祭を通して、また一つ、グリフィンズの伝統がつくられた瞬間であった。

大会デビュー直前

大鷲祭が終わり、悩んでいた高1の2人が退部することになった。せめて一度は多くの皆様の前で発表したいという思いで文化祭までは頑張ってきたが、やはり様々なプレッシャーの中で、大会に挑戦するまでの気持ちを持ち続けることが出来なかったようだ。

縁あって入部した生徒たちには、出来れば一人も辞めてほしくはない。チアダンス部で活動すれば、自分を変え、成長させていく大きな可能性があると信じているからだ。彼女たちも、続けていればきっと必ず出来たはずだ。そう思うととても悔しい。

今となっては、本気で世界大会を目指して入部してくる生徒ばかりであり、途中で退部する生徒はほとんどいなくなった。ただ、創部1年目は、どのくらい練習が大変なのか、そもそも寮生活や学業との両立がどの程度のものなのか、全く見当がつかないという面もあったのだろう。思っていたより負荷がかかったと感じた高校生が辞めることになった。

もう一人悩んでいたのが、中1の水間《みずま》理沙子《りさこ》だ。しかし、彼女は結果的に辞めなかった。彼女には、最後まで粘り強くぴろが説得を続けていた。

「どうしても理沙子《りさこ》には続けてほしい。絶対に理沙子《りさこ》なら出来ると信じてる」

と、ぴろが心から訴えかけた。

この時のことを、のちに理沙子《りさこ》が私に語ってくれたことがある。

「あの時ぴろ先輩が、そんなにまで私のことを思ってくれていたことに正直驚きました。私の特徴や長所を一つひとつ伝えてくれたんです。例えば、『理沙子《りさこ》は誰よりもジャンプのセンスがある』と私が一番頑張っていたところを褒めてくれたんです。その時、ああ、私はなんて自分のことしか考えていなかったんだろうと感じました。もう一度頑張ってみようと思えたんです」

彼女は諦めることなくチアダンス部で努力し続け、その後、世界大会まで共に行くことになる。

3人のダブルターン

グリフィンズのデビュー戦には、高1生5名、中1生7名でのぞむこととなった。この12名で、高校生部門に出場する。

最近の大会の傾向として、「難易度よりも完成度」ということがよく言われる。チアリーダーのレベルが年々高くなるにつれて、あまりにも難易度の高い技の追求がエスカレートし、怪我人の増加や、基礎・基本を無視した活動をするチームに対して、警鐘が鳴らされるようになった。

やはり、基本を重視しながら、自分たちの実力に見合った、着実なステップアップを積み重ねていくことが重要である。そして、それを前提として、より難易度の高い技を高い完成度で仕上げたチームが大会で高得点を獲得する。

グリフィンズは、難易度の高い技をクリアしていく技術がまだまだ伴っていないのが現状であった。今回、Mコーチからいただいた大会の振り付けも、ターンやジャンプは、シングル。つまりターンなら1回転、ジャンプも連続ではないものが中心である。

ただ、Mコーチから、ダブルターンへのチャレンジを課された部員が3人だけいた。キャプテンのぴろと、中学生の副リーダー岡田早耶子《おかださやこ》、同じく中1の山田智菜《やまだちな》の3人だ。

学年を超えて、3人で昼休みに集まり、ひたすらダブルターンの練習をしている光景をよく目にした。うまく出来なければ、本番の演技はシングルターンに戻されることが条件であった。

ここで自分たちが頑張ることで、チーム全体にいい刺激を与えたい。コーチにもしっかりと認めてもらって、絶対に本番でもダブルターンを入れてもらい成功する。それが出来なければ、全国大会出場を手に入れることは難しくなる。そういう固い決意と責任感を持っていた。

ワイルドでパワフルで大人っぽい高1のぴろと、まだ小柄で細くて初々しくて頼りない中1の早耶子《さやこ》と智菜《ちな》。この3人が一緒になって毎日練習している光景が、何とも言えず魅力的であった。何とかして成功させてあげたい。

大会の3日前、Mコーチの本番前の最後のレッスンの日を迎えた。月に2回ほど、東京から新幹線でレッスンに来てくれている。コーチがレッスンに来てくれる日のことを、「コーチ・デイ」と呼んでいた。

今日はその貴重なコーチ・デイだ。ここで、3人のダブルターンが正式に振りに入るかどうかが決まる。

Mコーチはすらりとした体型にロングヘアー、見るからに、ダンサーかチアリーダーといったオーラを全身から発している。アップを終えて、気合十分でコーチを迎えた部員たちが集合する。

「それじゃあ、まず通してみようか！」

コーチが告げた。ここまで毎日必死で練習してきた成果を見せる時が来た。

体育館に曲が流れる。12人の選手たちが、今出せる最高の力を出そうと体一杯ダンスを表現する。3人のダブルターンは演技の後半、ラストに差しかかったあたりだ。緊張が走った。

演技を終えた12人がコーチの前に集合する。

「お願いします！」

「うん、最後のターン、今回はシングルにしよう」

体育館内が一瞬静まり返った。顔には出さないが、あんなにやったのに駄目だったか、と3人が肩を落とすのがわかった。それでもいつも通り「ハイ！」と返す。

ターン以外の部分についても様々な駄目出しが続いた。大会直前であるが、まだまだ完成度は決して高いとは言えない。最後の最後まで、やれることをやるしかない。

この日のレッスンが終わり、夜、早耶子《さやこ》と智菜《ちな》の携帯に1通のメールが届いた。ぴろからだ。

「明日からの練習、シングルターンをめっちゃ頑張ろう！」

デビュー戦では与えられたシングルターンをしっかりと決めて、次こそはダブルターンが出来るように、その先もずっと頑張り続ければいいのだ。必ずいつの日か、チーム全員でダブルターンを成功してみせる――。3人はそう固く決意した。

アピールのポイント

いよいよ大会デビューが目の前に迫ってきた。我々には、難易度の高い技という武器はまだないが、基本的な技術の完成度の高さでアピールしていきたい。

チアダンスの基本は、何と言ってもアームモーションである。ポンポンを持っている腕を素早く動かす動作のことであり、両腕をV字型に斜め45度の角度で上に突き出す形を「ハイブイ」、斜め下に突き出す形を「ローブイ」と言う。ほかにも真上や真横に突き出す動きもあり、いずれにしても、素早く動かしピタッと止めてメリハリをつけることが大事である。

そのために、普段からポンポンの代わりに水の入ったペットボトルを持って腕に負荷をかけ、曲に合わせて数分間ひたすら様々な位置へのアームモーションを繰り返すという練習をする。

この練習が、体の小さい中1たちにとっては結構こたえる。それでも、彼女たちは弱音を吐かずに必死に食らいついていた。たとえ腕に負荷がかかり辛かったとしても、表情は常に笑顔をキープしている。

この笑顔の表情というのも、チアダンスの基本的アピールポイントとして重要である。大会の演技では、最高の笑顔で観客席にアピールすることが求められるため、練習中も最高の笑顔を追求する。

ただ、これが実は意外と難しい。まずは目や口を開いて大きな表情をつくる練習をするのだが、本人は笑顔のつもりでも、見ているほうからは、ただ口をパクパク開けているだけの、餌に群がる雛鳥や池の鯉にしか見えなかったりする。そこで、「表情もっと!」と檄《げき》を飛ばすと、さらに口を大きくパクパクして呼吸困難に陥った人にしか見えなくなる。

見ているほうが「もっと笑顔!」と言えば言うほど表情はおかしくなり、やっているほうは

「やってるよ！」「これ以上出来ないよ！」と心の中で叫び続けることになる。

こうした状態が夏頃まで続いたが、文化祭などで実際に観客の前で踊る経験をすると、少しずつ曲調ごとにその場面に合った、自然で、かつアピール力のある笑顔が出来るようになってきていた。

そして、表情もそうなのだがダンスも、ずっと一本調子の踊り方ではアピールに欠ける。そこで、演技の出だしは元気いっぱいの明るい曲で華々しくジャンプなどの技を決め、途中で少しファンクのパート、つまりファンキーな曲調に合わせてかっこよくダンスを踊る部分をつくってメリハリをつけたりする。

このファンクのパートは、中1にとっては大人っぽく、かっこいいダンスを表現するのが難しく、練習にも長い時間をかけた。キャプテンのぴろはファンクを得意としており、大人っぽくかっこいいぴろのダンスを、小さな中1たちがマンツーマンで教わる姿は微笑ましいものがあった。

逆に、まだ体の軽い中1たちの中には、少しずつジャンプが上手に跳べる子も出てきた。チアでは様々な種類のジャンプがあるが、最も基本のジャンプとしてほとんどのチームが取り入れているのが、「トータッチ」と呼ばれるジャンプである。

トータッチとは、ジャンプしながら両足を左右に大きく開き、膝やつま先までピーンと伸ばしながら両手で足のつま先にタッチする技である。まずは１８０度の開脚が出来ることを目指すが、開いた足の角度が１８０度を超えて、Ｖ字になるまで引き上げることの出来る人もいる。さらに上手なチームになると、２回連続で跳ぶ「ダブルトータッチ」や、３回連続で跳ぶ「トリプルトータッチ」まで取り入れている。

グリフィンズは、まだ１８０度まで届かない部員が多く、ターンもジャンプもシングルしかないが、少しでも自分たちのアピール出来るポイントを増やし、完成度を高めて、今の自分たちにとって最高の演技に仕上げていきたい。残された数日間も、生徒たちは学年を超えて、必死の努力を続けていった。

いよいよ出発！

11月27日、ＪＣＤＡ全日本チアダンス選手権関東予選が東京体育館にて開催される。

ＪＣＤＡ全日本チアダンス選手権は北海道から九州までを六つのブロックに分け、それぞれの地方で予選が行われる。その中でも、最も出場チームが多く、レベルが高いのがこの関東予選である。

いったい全国にどのくらいのチアダンスチームがあるのか、正確にはわからない。チームによって、活動の形態も様々である。大きな大会に出場し、本気で全国の頂点を目指しているチームから、文化祭等の発表を中心に楽しみながら活動しているチーム、高校野球の応援のために存在しているチーム等、とにかく多様である。

私の前任校があった埼玉県では、年1回、高等学校文化連盟主催のダンス選手権県大会が実施されていて、そのチアダンス部門には約50校が参加していた。そこでおそらく、東京、埼玉、神奈川、千葉の4都県を中心に、関東には200以上の高校チアダンス部が存在すると思われる。

そのうち、前に紹介した、USA、ミスダンスドリル、JCDAが主催する大会にエントリーしているチームは約3分の1しかない。これら三つの大会はレベルが高く、ある程度自信のあるチームしかエントリーしないため、予選といってもハイレベルな戦いが行われるのだ。

この年、グリフィンズがエントリーしたのは、ポン部門高校生スモール編成であった。JCDAの規定では、5名以上15名以下をスモール編成、16名以上30名以下をラージ編成というふうにカテゴリー分けをしている。関東予選のポン部門高校生スモール編成には、35チームがエントリーした。

いよいよ明日、創部1年目のグリフィンズが、客観的にどの位置にいるのかが測られる。

さて、JCDAの関東予選が行われる東京体育館までの移動手段をどうするのか。開校1年日の学校はこのあたりのルールからつくっていかなくてはならない。交通費を誰が負担するのかという問題もある。東京までの行程には、色々な選択肢が考えられる。

そもそも最寄り駅まで車で30分かかる幸福の科学学園では、他の部活動の地区大会で地元の中学や高校に試合に行く場合、マイクロバスが必需品となる。そこで、学園では3台のマイクロバスを購入した。そのため、運動部の顧問になった教員は、率先して教習所に通い、マイクロバスの運転が可能な中型免許を取得することになった。

私もこの年齢になって、20年ぶりに教習所に通い、中型免許を取得した。生徒たちの交通費の負担を最も安くおさえる方法として、私がマイクロバスを運転して、大会に出場することになったのだ。

那須から東京まで、バスで片道3時間の行程である。事故等で渋滞になれば、さらに長時間かかってしまう。開会式の時間を考えれば、当日の朝、那須を出発するのはかなり厳しい。そこで、前日の夕方出発し、東京に前泊することになった。

11月の終わりともなれば、遠征に出発する時点で、那須の町はすっかり暗くなっていた。校舎の外まで見送りに来てくれた生徒や教職員に手を振り、暗闇の中にマイクロバスは滑り込んでいく。何とも言えない不安と寂しさに襲われた。

しかし、さすがの「新人類」たちである。バスの中はリラックスムードで、3時間が楽しくあっという間に感じられた。いよいよ明日、大会デビューである。

練習は本番のように、本番は練習のように

大会当日を、いったいどのようなマインドで迎えるべきなのか――。結果を残す上で、これはかなり重要なウェイトを占めている。

結論から言うと、いかに緊張しないで実力を100%出し切るかということにかかっている。つまり、本番でいつもと違うことをやろうとしたり、120%の力を出そうとすると、余計な力が入ってしまい、かえって形を崩し、結局は70%しか発揮出来なかったということになりがちなのである。

普段やっていることをそのまま100%出し切るほうが、いい結果につながる。そこから考えると、大会当日にあまりプレッシャーをかけたり、必要以上に自分を鼓舞したりせず、普段の練習にのぞむような心境で演技をすることが大切だ。

要するに、100%出し切れば優勝出来るという準備を事前にしておけばいい。むしろ、練習を本番のような心境で取り組むことが出来ればいいのである。十分な準備が出来ていれば、あとはそれをそのまま本番で実行するだけであり、緊張する必要もない。

なぜ緊張するのかと言えば、十分な準備が出来ているという自信がないからである。緊張とは不安からくるものなのだ。そこでグリフィンズでは、日頃から、「練習は本番のように、本番は練習のように」というマインドを大事にしている。

私はその観点から、普段の練習で生徒たちを安易に褒めることをしない。練習中、本番と同じ気持ちで100%の力を発揮していない生徒を褒めても、結局本番で緊張してうまく踊れないだけである。もう少し正確に言うと、本当によかった時しか褒めず、よかった時はしっかり褒めるということである。

そのほうが、生徒たちもわかりやすく、やり甲斐が生まれる。むしろ、緊張感のある練習を日頃からしていれば、本番は楽しんでのぞめる自信と余裕が生まれる。当日は、やってきたことを存分に発揮して楽しんでくればいい。

「練習は本番のように、本番は練習のように」が実践出来れば、大会当日、必要以上に生徒たちを叱咤激励して委縮させる必要もなければ、本人たちも、余計な力を入れて過度に自分を鼓舞する必要もない。

実は私も大学時代、選手として失敗を経験している。

私が所属していたラグビー部は部員数も多く、一つのポジションを常に4人ぐらいで争っていた。毎年全国大会レベルの新入生が入部してくるので、私は大学3年生までレギュラーになれなかった。とうとう4年生でレギュラーを摑んだ時、大会当日、あまりにも自分の中で、これまでの4年間を振り返って鼓舞しすぎ、一大事である感覚を演出しすぎてガチガチになってしまった。そのせいで、全くいつものプレーが出来ずに大失敗をしてしまった。

やはり、普段と変わらない気持ちで、まるで練習試合にのぞむような心境で出場すればよかったと後悔している。結果が出てから、一大事感を味わえばいいのだ。

よくイチロー選手が、「毎日毎日同じ行動を取り、どんなに大きな試合でも普段と変わらない平常心でのぞむのが大事だ」と言っているのと共通しているのではないだろうか。

しかし、学生時代に失敗を経験した私であったが、立場が変わるとまた同じ失敗を繰り返してしまっていた。

前任校のY女子高校時代、厳しい指導で強豪校にのし上がり、全国大会でも優勝候補とまで言われるようになった。当時の私はまだ若くて経験も浅く、とにかく部員の出来ていないところを見つけると、厳しい言葉を浴びせていた。それは、大会の前日や当日でも変わらなかった。

大会当日、演技直前の練習であっても、「今から演技するのにそれしか出来ないのか！」という具合であった。しかし、その指導によって結果がよくなることはなく、かえって部員たちは委縮して本来の動きが出来なくなり、実力を100％発揮せずに終わってしまうのだ。

Y女子高校は、優勝候補と言われながら、関東予選は1位で通過するものの、あと一歩届かずに全国大会で3位、2位、2位と足踏みを繰り返すこととなってしまった。そして、その翌年、関東予選を6位でギリギリ通過するという状況にまで陥った。

ところが、そのことで何かが吹っ切れた。「もう失うものはない」という心境になり、「優勝しなければならない」という縛りやプレッシャーから解放されたような気がした。

そして大会前日の練習後、それまでは叱り飛ばしてきた生徒を「ここまでよく頑張ってきた。あとは自信を持って演技するだけだ」と励まし、当日も「思い切って楽しんでこい」と言って送り出した。結果は、なんと初優勝。

指導者に怒られ、ミスを恐れた演技で人を感動させることは出来ない。もちろん甘やかすのは論外で、厳しい指導は必要だが、それだけでは一定のところで成長が止まる。それは生徒たちの「思い」を縛って、指導者の器の大きさにはめ込もうとするだけだからだ。それ以上のレベルを目指すなら、まず指導者が生徒を信頼することが必要であり、それによって生徒も本来の力を発揮出来るのだ。

待ちに待ったデビュー戦——JCDA予選大会

11月27日朝、我々はデビュー戦の会場である東京体育館に到着した。東京体育館といえば、

第1章
ゴールデン・グリフィンズ「誕生」

1964年の東京オリンピックの体操競技の会場ともなった体育館で、収容人数は最大で1万人を誇る競技場である。

夏休みには全国大会を見学しに皆で1度この会場に来た。あの日の圧倒された記憶が蘇る。創部1年目のグリフィンズにとって、デビュー戦の舞台としては大きすぎる会場であった。いくら緊張せずにのぞむのが大事だと言葉ではわかっていても、部員たちは緊張せずにはいられないはずだ。

私は会場入りする際、いつも部員たちの先頭を歩くのだが、出来るだけ堂々と胸を張り、落ち着いて歩くようにしている。出来るだけ、「この程度の大舞台は家に帰ってきたようなものだ」というオーラを出して、いつもの練習の時と変わらないような顔をして歩いた。後ろを歩く生徒たちが、少しでも落ち着いてくれることを信じて。

実際、会場入りすると、スタッフや他校の指導者たちも顔見知りばかりである。いつものように挨拶を交わし、慣れた態度で選手席まで辿り着いた。私の中にも、前任校を退職してからここに至るまでの新たな挑戦の日々が蘇り、「ついにこの場に帰ってきた」という感慨があったが、あえてそれを表には出さなかった。

この時点でまだ一般開場はしていない。しかし、体育館の外には早朝から開場を待つ長蛇の列が出来ている。最近はチアの人口も人気も増す一方であり、大きな会場でも常に満員で、立ち見も出るような状態である。

　この日のスケジュールは、一般開場が午前9時、競技開始は9時30分であった。ジュニアの部門から競技が進められ、我々の出場するポン部門高校生スモール編成は、12時15分から始まる。そして、ゴールデン・グリフィンズの演技は、15時8分からである。

　会場入りから出番までは、かなりの時間がある。この間、着替えやメイクなどを済ませると、選手席の後ろの通路など、空いているスペースを見つけて各チームがストレッチや柔軟、軽いアップやイメージトレーニングなどを行う。競技と並行して、出演順にサブアリーナで約10分間の最終リハーサルの時間が設定されているのだが、そのリハを終えると、いよいよバックボード裏にスタンバイし、出番を迎える。

　一見すると、部員たちは落ち着いているように見えた。待ちに待ったデビュー戦であり、思いっきり楽しんでやろうという気持ちもあるだろう。ただ、もちろん内心では初舞台を迎える緊張もあり、静かに体を動かすなかにも普段にはない硬さがあった。

　経験者であるキャプテンのぴろが、緊張をほぐすべく、皆に声をかける。

「みんな！　今まで出来ることを全てやってきたんだから、自分を信じて、仲間を信じて、堂々と自信を持って、会場の皆さんにグリフィンズのパワーを伝えてくるよ！」

　皆もそれに応えて声を出し、笑顔と明るさを取り戻していく。あとは、今までやってきたことを全て出し切るだけだ。それで、どの程度評価されるか、それは結果を待つしかない。

最終リハーサルでは、しっかり体を動かすことが出来た。いよいよ本番。ここに来ると、さすがの私も約2年半ぶりの大会であり、緊張感が高まってきたが、生徒たちには「落ち着いて、いつも通り、やってきたことを100%出し切ろう」と伝え、その場を離れた。

高校生の5人は、緊張した顔を隠しながら自分を落ち着かせようと深呼吸をし、「頑張ってきます！」と笑顔で返してくれた。中学生の7人は、「緊張しまーす！」などと正直な気持ちを表現しながら、引きつった笑顔を浮かべていた。

ここで引率者の私は、演技フロアの前方に設置されている音響席に移動し、スタッフに曲出しの合図をするためにスタンバイしなければならない。あとは、選手たちが自分たちの演技が出来るように祈るだけだ。

競技は午前9時30分から始まっている。午前中のジュニア部門というのは小学生のことであるが、これがまたレベルが高い。中高生と比べて体が軽くて柔らかいため、ジャンプやターンも軽々とこなしており、表情も豊かだ。これが小学生かと目を疑うチームもある。保護者の皆さんも熱心で、揃いのTシャツで客席の一角を陣取り、大応援団を形成しているチームも多い。

オリンピックが行われた1万人も収容出来る大スタジアムが超満員に膨れ上がっている。

朝からの熱気が会場中に溢れ、ボルテージは最高潮に達していた。この雰囲気の中に登場し、彼女たちははたして普段通りの演技をすることが出来るだろうか。

我々が演技する30分ほど前に、ぴろの母校であるY学院中学校が出場した。人数も多く迫力あるチームで、難易度の高い技にも数多く挑戦している。黄色を基調としたユニフォームが会場によく映え、大きな拍手と声援が送られていた。

その後も経験豊富な馴染みのチームが次々に登場し、会場からも大声援が送られる。強豪チームにはファンも多く、ひときわ大きな声援が飛ぶ。堂々と自信に満ち溢れ、スピード感があり、テクニックの冴えが見られ、パワフルでエネルギッシュだ。全員でダブルターンを見事に決めているチームや、なかにはトリプルターンを取り入れているチームもある。見ているうちに、ため息と不安がつのってくる。

そんななか、ついに一つ前のチームの演技が終わった。

エントリーナンバー104番、幸福の科学学園ゴールデン・グリフィンズ！

いよいよグリフィンズの出番である。巨大な会場にアナウンスが流れる。

「続いてのチームは、エントリーナンバー104番、幸福の科学学園中学校・高等学校チアダンス部ゴールデン・グリフィンズです！」

初めて学校名がアナウンスされただけでも、感慨深いものがあった。

ただ、部員数も少なく、全寮制で全国から生徒が集まっているため、東京出身の生徒の保護者の方以外は、なかなか応援には駆けつけられない。初めて聞くチーム名に、会場からの声援もさほど多いとは言えなかった。

そんななか、選手たちが演技フロアに飛び出してきた。首から胸にかけては白、胸から下とスカートは赤を基調としたユニフォーム。胸には金色で「GRIFFINS」の文字が輝いている。ノースリーブで腕の部分は黒の長袖のアンダーシャツであり、引き締まったアクセントになっている。青いポンポンを両手に持っていた。

表情は落ち着いているように見えるが、全体から醸《かも》し出す雰囲気は初々しく、強豪チームのそれとは違ったオーラで、若干心細い。緊張からか、最初につくフォーメーションが完全な左右対称ではなかった。しかし、姿勢は悪くない。本当の意味での自信はまだないが、堂々と見せようとする姿が健気《けなげ》であった。

私が音響係のスタッフに合図を送ると、大音量の音楽が会場に流れ、いよいよ演技が始まった。

出だしのターンも決まり、トータッチジャンプもしっかり跳べた。ただもう一段のシャープさがあるとなおいい。アームモーションやフォーメーションチェンジを繰り返しながら、中盤の見せ場であるラインダンスに近づいていく。

このあたりから、徐々に表情が硬くなり、笑顔が弱まるメンバーもちらほら見えてきた。ジャンプの時に肩が上がり、多少姿勢が崩れてくる。それでも何とか踊りを大きく見せようと、精一杯体全体を使って動いている姿が見られる。いよいよラインダンスだ。

何とか横一列のフォーメーションにはつけた。足を上げる時に、膝やつま先までしっかりと伸びているのが重要だが、何人かつま先が曲がっているのが見える。また、いわゆるターンアウト、上げる足が内股にならないように外に開くといいのだが、全員が意識し切れているとは言えない。ただ、タイミングはよく合っている。

ここから曲調が変わり、ファンクのダンスパートに入る。力強い表情を出して踊りにも変化をつける。個々の頑張りはよく見えているが、全体のフォーメーションが少し乱れてきた。

そして、ラストは明るくアップテンポな曲になる。ここから最後の力を振り絞って一気に盛り上げていきたい。笑顔が戻ってきた。会場からも手拍子が起こる。それぞれがジャンプやターンなどの技を繰り出し、決めのポーズに向かって移動していく。３人のシングルターンもうまくいった。私は心の中で「最後までしっかり！」と叫んでいた。

ラストのポーズもバッチリと決まった。そしてキメの掛け声、

「ゴー・グリフィンズ！」

拍手と共に、笑顔でフロアをあとにしていく。私も音響スタッフに一礼すると、選手のもとへ走った。

出場した12人の選手たちは、このあとずっと続くであろうゴールデン・グリフィンズの栄光の歴史に、第一歩を記した。最初の一歩は、小さいように見えて、偉大なるスタートである。後輩たちのために、最初の道を切り拓いたのがこのメンバーたちだ。

「我々の前に道はなく、我々のあとに道は出来る」

踊り終えた選手たちは緊張感から解放されて、うっすらと涙を浮かべながらも、笑顔で戻ってきた。この瞬間の選手たちの姿を見るのが、私はとても好きであった。

仲間と抱き合って互いの頑張りをねぎらい合い、個々の反省点については悔しい顔を見せながらも、全体としては一つの達成感を得た表情が印象的であった。私からも、今出来る精一杯の力を出し切ったことに対して、ねぎらいの言葉を贈った。

審査結果の発表は、17時過ぎであった。それまでの間は、選手席から他のチームを観戦し、応援する。チアリーダーのいいところは、ライバル校である他校の演技に対しても、尊敬の念を持って精一杯の声援を送り、手拍子や拍手で盛り上げエールを送るということだ。会場には一体感が生まれ、それが感動につながる。

いよいよ発表の時間が近づいてきた。

全国大会の場合、大掛かりなクロージングセレモニーが行われる。全出場選手が演技フロアに整列し、全カテゴリーの審査結果の発表が行われ、優勝チームの再演技があったりして、会場も一気に盛り上がる。しかし、予選では、各部門が終了するたびに、アナウンスで入賞した上位3チームと全国大会出場チームが読み上げられるだけという意外にあっさりした発表の仕方をする。

我々は、スタンドの選手席でその発表を聞く。我々の出場したポン部門高校生スモール編成には、35チームがエントリーしていた。そのうち、関東大会が最もレベルが高く出場チームも多いため、例年、7チームから10チームほどが全国大会に出場している。

まずは入賞チームの発表。3位から1位まで、順番に読み上げられていく。チーム名が呼ばれると、選手席と応援席の一角から歓声が上がる。グリフィンズの名前は呼ばれなかった。

続いて全国大会出場チームの発表。この年は、関東から7チームが進出したが、やはり我々の名前が呼ばれることはなかった。

大会が終了し、会場を出る際に、受付で各チームにジャッジ・シートが配られる。そこに、審査員からの評価、コメントと得点、そして全審査員の合計得点と順位が掲載されている。

ゴールデン・グリフィンズは、35チーム中19位であった。これが、現時点での実力である。

初めて大会の場での客観的な評価が下された。

ジャッジ・シートのコメントとして多かったのが、

「テクニック面で見劣りする部分がある」

「もっとダンスのバリエーションがあってもいい」

といった内容であった。やはり力不足と経験不足が否めないが、そこはこれからの練習で埋めていくしかない。

もう少しやれたようでもあり、十分な評価をいただいたようでもあり、何とも複雑な心境であった。

高2や高3たちの他チームに混ざって、初心者ばかりで創部間もない高1・中1のチームである。普通に考えれば最下位でもおかしくない。

しかし、目指す目標が高く、使命感に燃えて戦っているだけに、選手たちは皆とても悔しい思いをしていた。ただ、これが現実でもある。何ともほろ苦いデビュー戦であった。

リベンジに燃えて

大会を経験して、あらためて自分たちの実力を知った。また、他校の演技をたくさん見ることが出来て、とても学びが多く成長につながった。

一つひとつやり遂げていくなかで、チームがつくられていく。謙虚に自分たちを見つめ直すいい機会でもある。自分たちに足りないものは何か、また自分たちにしかないものは何か、ぴろを中心に、部員たちはたびたびミーティングを繰り返していた。

次の大会は、「ＵＳＡナショナルズ」の予選である。

ＪＣＤＡとＵＳＡでは、予選の方式に違いがある。

ＪＣＤＡは、予選の順位で上位のチームから全国大会の出場権を獲得する。

ＵＳＡは順位に関係なく、予選通過の基準点がカテゴリーごとに設定されており、それを超えれば全国大会に出場出来る。我々が出場するソングリーダー高校生部門は、１００点満点中85点が予選通過ラインである。

ＵＳＡでは、全国11会場で予選が行われる。関東では、東京、埼玉、神奈川、千葉でそれぞれ予選が実施され、日程や場所を選んで、どこの予選にエントリーしてもいいことになっている。ただし、チャンスは2回までであり、そこで通過ラインの得点を突破出来なければ、全国大会への出場は出来ない。

グリフィンズは、まず1月22日にウィングハット春日部で実施される埼玉大会にエントリーした。

85点という得点が我々にとってどのくらいのハードルなのか。

大会によって多少審査も違うので、単純な比較は出来ないが、USA、ダンスドリル、JCDAいずれの大会も基本的には100点満点で得点がつく。

グリフィンズのデビュー戦であった、11月27日のJCDA全日本チアダンス選手権関東予選での我々の得点は76点であった。USA予選での85点という通過ラインは、正直、高いハードルだ。

しかし、我々はリベンジに燃えていた。何が何でも、創部1年目で全国大会に出場したい。生徒たちがミーティングを重ねるなかで出てきたのが、あらためて我々は「何のために活動しているのか」ということであった。

そもそも、創部当初の最初のミーティングで確認し合った部活動の目的は、「人間的に成長すること」であった。では、何のために成長するのか、言い換えると、成長した結果どうなればいいのか。

それは、「活動を通して学び、成長したことをもって、リーダーとして周囲の人たちを感化する」ということであった。

そして、我々の成長が大きければ大きいほど、感化力も増すはずである。また、成長が早ければ早いほど、さらに大きな感化力、影響力を持つはずだ。

次の大会までは、約2カ月。あらためて自分たちの思いを固め、使命感を持ってリベンジに燃える日々が続いた。

生徒たちの心の中に、開校間もないこの学園の存在を、もっと多くの方たちに知ってもらいたい、という気持ちが強く芽生えてきたのはこの頃であった。

スポーツの世界や、教育の世界では、努力に応じて正当な評価を受けることが出来る。それは本当にありがたいことだ。頑張って結果を出せば、それに相応《ふさわ》しい評価をきちんとしてもらえる。だから、自分たちが頑張ることで、幸福の科学学園のことを知ってもらうことが出来るのだ。

悔しさ再び――USA予選大会

ついに1月22日、USA埼玉予選の日を迎えた。前回の東京体育館と比べれば、会場の規模は格段に小さいが、地方予選としては普通である。しかし、USAナショナルズ全国大会は、幕張メッセで行われる。国内でも最大規模のチアの大会である。憧れの全国大会の舞台に向けて、何としても予選を突破したい。

この日のグリフィンズの演技は、16時30分であった。USAでは予選の場合、それぞれ出演時刻に合わせて会場入りすればいい。今回は遅い時間の出演であり、場所も東京と比べて那須に近いため、前泊はせずに午前中、学園で少し練習をしてから会場入りすることにした。

14時前に、私の運転するマイクロバスが、会場であるウィングハット春日部の駐車場に到着した。館内に入ると、すでに多くのチームがアップを始めている。いつもの熱気だ。

グリフィンズのメンバーもいつものようにストレッチ、柔軟体操を行い、体を動かしていく。サブアリーナでの公式ウォーミングアップは15時55分からの8分間。最初に本番と同様に1度通しを行い、気になった箇所を手直ししていく。徐々に緊張感が高まる。

しかし今回は、1度大会を経験しているということと、会場がそこまで大きくないということもあり、前回のデビュー戦と比較すると、多少心に落ち着きも出ていた。

出来ることならこの1回で予選を突破したい。

いよいよ出番が近づいてきた。いつものように私は、生徒たちに落ち着いてやるようにと告げると、音響席のほうに向かった。

我々の前の3チームを音響席から見ることが出来た。全国大会出場経験のあるチームも登場し、やはりチームとしての完成度の高さが見て取れる。テクニックやダンスのバリエーションも豊富である。

ただ、今回の予選は、あくまでも85点を超えられるかどうかであり、他チームとの競争ではない。さらに、彼女たちもこの2カ月必死に努力してきた。それに見合うだけの成長を遂げているはずである。

「エントリーナンバー59番、幸福の科学学園中学校・高等学校チアダンス部ゴールデン・グリフィンズ！」

いよいよグリフィンズが演技フロアに登場した。入場する姿が、前回の初々しく頼りなく見えた様子と比べると、多少の余裕が出てきたように感じられた。

出だしのアームモーションは前回と比べて力強く、ターンやジャンプにもシャープさが出ている。滑り出しは上々、練習でやってきたことが発揮されている。

ジャンプの際の姿勢も悪くない。しっかりやるべきことに集中して踊れているが、やはり表情はもう一つ硬い。キックの足もよく上がっているが、完全につま先まで伸び切っているとは言えない。

ただ、全体的にダンスにキレがあり、テンポはいい。「この調子で中盤から後半も盛り上げろ」と心の中で叫んだ。

そして中盤の見せ場、ラインダンス。つま先とターンアウトは、練習はしてきたが、本番の演技では、まだ克服し切れていない姿が出てしまった。

その後のファンクは、前半飛ばしただけあって、少し疲れが見えてしまっていた。

ラストのアップテンポなダンスで何とか立て直し、会場を盛り上げることが出来た。

「ゴー・グリフィンズ！」

生徒たちは、何とか今出来る精一杯の力を出し切ってくれた。

結果発表は18時30分からである。3人のジャッジの平均点で評価される。目標は85点。全国大会出場を決めたチームの名前が読み上げられる。緊張しながら発表の時間を待った。

しかし、名前を呼ばれることはなかった。またしても、帰りがけに受け取るジャッジ・シートで得点や順位を確認することになる。

得点は、80・67点であった。今回、同じカテゴリーから85点を超えて全国大会出場を果たしたチームは、わずかに2チームであった。狭き門である。

悔しい。しかし、この大会は、もう1度予選にチャレンジ出来る。この悔しい思いをバネに、上に登っていくしかない。

反省すべきところは反省し、足りないところを克服し、得意の部分を伸ばしていく。やるべきことはたくさんある。いつまでも悔しさに浸っている暇はない。すぐに切り替えて、次に向けてやるべきことをやるだけだ。

今回の大会で特に認識出来たのは、ある技が部分的な練習では出来ても、通しで出来なければ意味がないということ。また、本番で最後まで踊り切れる体力が彼女たちに不足しているということがはっきりした。そこで、とにかく数多く通しの練習を行うことを提案した。本番演技の通し練習は100回を超え、自分たちの演技に自信を持ってのぞめるまで取り組んだ。

次回の大会が、全国大会出場を果たすためのラストチャンスである。日にちは2月26日、場所は北本市体育センターである。

1年目最後の挑戦

大会前日の夜、女子寮のラウンジに中1の7人が呼び出された。呼んだのは、ぴろである。集まった中1に、ぴろから一人ひとり、名前を呼んで手紙が手渡された。手紙には、びっちりと文字が敷き詰められていた。もちろん、一人ひとり違う内容である。

この1年、年齢を超えて、同じチームとして戦ってきた。普通に考えれば、中1が高1と同じ練習メニューをこなすのは本当に大変なことだ。この7人の後輩たちは、高校生が何人も辞めていくなか、決して弱音を吐くことなく、ずっと同じ目的を果たすために食らいついてきてくれた。最高に頼もしい後輩たちだ。

ぴろの手紙には、一人ひとりとの思い出がそれぞれつづってあった。中学生の心には、先輩たちと過ごしてきたこの1年の活動が蘇ってきた。込み上げるものをこらえ切れずに全員涙を流していた。明日は絶対に最高の演技をしよう——そう固く心に誓った大会前夜であった。

大会当日、いつものように平常心でのぞむことを心掛けた。準備してきたことを100％出し切る演技を披露する、それだけを考えて12人はフロアに飛び出した。力は出し切った。

結果は、81・67点。残念ながらあと一歩のところで、全国大会には届かなかった。

しかし、今回も自己ベストの得点を更新し、あと3点ほどで全国大会に手が届くところまでくることが出来た。選手たちは本当によく頑張ったと思う。指導していただいているMコーチにも本当に感謝である。

創部1年目にして、あえて大きな大会に何度もチャレンジし、常に自己ベストを更新してきた。この経験が最高の財産であり、来年以降に大きく生きてくる。

こうして、グリフィンズの1年目の挑戦は終わった。

第２章

創部２年目の「忍耐」

新生ゴールデン・グリフィンズ

２０１１年春。４月になり、学園も開校２年目を迎えた。中学、高校の１期生はそれぞれ進級し、中高の新入生、つまり２期生が入学してきた。チアダンス部にも、多くの新入生が入部してくれるだろうか。１年目が終わっただけでは、まだ本当の意味でチームが確立したとは言えない。今年、多くの部員を確保出来るかどうかで、チームが永続的な発展の軌道に乗れるか、しぼんでいくかが決まる。今年が勝負である。

残念ながら、２月のＵＳＡ関東予選が終わった時点で、高校生が１人退部した。この時点で、高校生４名、中学生７名である。

４月９日に、新入生に向けた部活動紹介が記念講堂で行われた。チアダンス部もステージでパフォーマンスを披露し、大好評であった。結果的に、高校生８名、中学生７名が新たに入部してくれた。高１女子50名、中１女子30名の新入生のうち、これだけチアダンス部に入部してくれたのは、本当にありがたい。

これで今年こそ、全国大会出場を勝ち取るしかない。新しい仲間を迎え、さらにパワーアップしたグリフィンズには、前進あるのみである。

そう言いたいところだったが、実は、この時、部員たちには言えない大きな悩みを抱えていた。

1年目に指導に来てくれていたMコーチから、家庭の事情で新年度は来れなくなるという連絡があったのだ。これには正直、衝撃を隠せなかった。連絡を受けたのはすでに年度末であり、新しいコーチを見つけるのは至難の業だ。

「やむをえない事情というのはわかりましたが、替わりの方をぜひ紹介してください」

こちらとすれば、それだけは譲れなかった。しかし、JCDAとしても急遽新しいコーチを派遣するのは難しいという様子である。何もなかった1年目に、遠方から指導を買って出てくれたMコーチには感謝してもし切れない。それに、お世話になったJCDAの皆さんとは、これからもいい関係を続けていきたい。私からは、「替わりの方を必ず紹介してください」と言い続けるしかなかった。JCDAからは、「出来るかぎり努力します」という返答をもらった。もらった以上待つしかない。

しかし、2月末の大会が終わって以来、3月はコーチ不在で練習を続け、とうとう4月を迎えた。新入生が入学しても、まだコーチが決まらない。あまりしつこく催促をしたくはなかったが、焦った。

「その後、どうですか」と、週に1度のペースで連絡を入れるが、はっきりとした返答はない。

「何が何でもお願いします」と語気が強くなる。こちらも譲れない。

部員たちには、「事情があってMコーチが今後来れなくなり、今替わりのコーチを依頼している。間もなく決まるので安心して少し待つように」とだけ伝えていた。

昨年は、仮入部の期間にコーチが来てくれた。今年は来ない。それでも、ぴろを中心に部員たちが、しっかり仮入部や見学に来た新入生の面倒を見ていて、問題はないように見えた。

「それにしても、コーチはいつから来てくれるのだろう」。徐々に部員の中にもこうした声が出るようになってきた。ここまで来ると、いよいよ他の団体にコーチの派遣を依頼しなければならない。

もう待っていてはいけない。ついに、USAのH代表に電話を入れた。

「那須の山奥ですが、生徒たちは皆やる気に満ちています。どうか力を貸してください」

H代表は、しっかりと話を聞いてくれた。そして、こう答えてくれた。

「何とかしたいと思います。ただ、今年は東日本大震災があり、本来幕張メッセで3月末に開催する予定だったUSAナショナルズ全国大会を延期することになりました。5月のGWに実施しますので、それまでは慌ただしく、すぐにお返事出来るかわかりませんので、ご了承ください」

この答えを、どうとらえればいいのか。受けてくれたのか、無理だと言われたのか。日本語というのは本当に難しい。ただ、しっかりと受け止めてくれたという感覚はあった。

しばらくの間、「今年こそ全国大会に出場する」と本気で練習に取り組んでいる部員たちの姿を見るのが、辛かった。このままコーチが決まらなければ、少なくとも今年全国大会に進出することは、とても難しくなる。

とうとう、4月が終わってもコーチは決まらず、5月を迎えた。さすがに部員たちから、「新しいコーチはいつから来ていただけますか」という声が増えてきた。ぴろたち高2は、大学受験を踏まえて、今年度限りでの引退を考えている。どんなに辛い練習をしてでも、絶対に今年全国大会に出場してみせるという念《おも》いを、全身から漲《みなぎ》らせている。

どうにかこの子たちの念いを叶えてあげたい。待ち切れない私は、たびたびUSAのH代表に電話を入れた。ただ、なかなかつながらない。

「大会直前で、忙しくて電話に出られないだけだ」と思う自分と、「コーチ派遣は難しいので、電話に出ることを拒否されている」と考える自分の両方が、心の中でせめぎ合う。もう駄目だ。今さら他の団体に連絡しても、結果は同じだろう。今年は諦めるしかない。自分の出来る全てを注ぎ込んで部活に打ち込んでいる部員たちに、何と告げればいいのか。

私はゼネラルマネージャーとして、優秀なコーチを招へい出来なければ失格である。生徒、保護者、全国でグリフィンズを応援してくださっている全ての皆様に会わせる顔がない。

3年間しか在籍出来ない生徒たちにとっては、一年一年が真剣勝負であり、また来年というわけにはいかない。彼女たちの思いを考えると、謝るだけでは済まされない。もしそうなった場合には、いよいよ死んで詫びるしかない。そのくらい追い込まれた心境になっていた。

ただ、一つの希望があった。H代表は、私が電話をした日、電話に出られなかったとしても、必ずその日の遅い時間に着信を入れてくれていた。逆に私が出られずに話が出来ないことが多かったが、それでもきちんと対応してくれている。本当に信頼出来る方だ。そのことが、私の唯一の救いであった。まだ、可能性はある。

GWが終わり、USAナショナルズ全国大会も無事終了した。それでも連絡はない。5月10日を過ぎても、電話は来なかった。駄目だ。もう1日待って、連絡がなければ、部員に本当のことを伝えよう。今年はコーチ不在でやるしかない。そして、私は責任を取って君たちの前から姿を消す。

そんな5月12日、ついにH代表から連絡があった。

「桜沢《さくらざわ》先生、そちらに派遣出来るコーチが決まりました！」

新しいコーチ

5月26日、USAジャパンのオフィスで、新しくグリフィンズに迎えるコーチとの契約・初顔合わせにのぞむため、私は一人東京に向かった。

那須塩原の駅から東北新幹線に乗る。その車中で、意外な連絡が入った。昨年までお世話になっていたJCDAのMコーチからの久々のメールである。

「ついに新しいコーチが見つかりました！」という内容であった。得てして、こういうものである。もちろん、この時点でまだ正式に契約を交わしたわけではなかったが、さすがに今日、新しいコーチが決まる。そちらの話は丁重にお断りした。

USAのオフィスに着くと、H代表が待っていてくれた。前任校時代からお世話になっていたが、あらためて「今回は、本当に助かりました」と深々と頭を下げた。チアダンス界の日本の第一人者として、チアの普及活動の第一線で活躍されているH代表は、和やかな笑顔で私を迎えてくれた。

その後、USAのTディレクターも交えて、今後の方向性などを打ち合わせ、契約内容の確認も出来た。あとは、コーチとの顔合わせである。

H代表やTディレクターとの打ち合わせが一通り終了した時点で、コーチがオフィスに到着した。チームの窮地を救ってくれたこの女性が、私の目には天使のように映った。

島崎《しまざき》徳子《のりこ》コーチ。TK学院高校時代にソングリーダー部の部長を経験し、全国大会で準優勝している。O大学では全国優勝し、世界大会にも出場して準優勝を果たしていた。O大学ソングリーディング部といえば、大学チアダンス界のトップに君臨する超名門チームである。選手としてのキャリアは、これ以上ないものであった。

話を聞くと、私の教え子で前任校のY女子高校チアダンス部で部長を務めたSと、O大学ソングリーディング部の同級生であったということだ。多少の縁も感じ、とても心強い。

年齢的には若く、USAのインストラクターとして数年間キャリアは積んできたが、本格的に学校チームを指導するのは初めてだという。ただその分、うちのチームに専念して、長く継続的に指導してもらえることになる。若いチームで、これから一緒に成長していけばいい。グリフィンズにはもってこいの存在だ。

さっそく、2日後にはレッスンに来てくれた。生徒たちとの相性もよく、すぐにチームに溶け込んでくれた。

こうして、新しく「のりコーチ」を迎え、11月のJCDA関東予選で、初の全国大会出場を目指すことになった。

中1が6名、高1が8名、中2から新たに1名の新入部員を加えた、合計26名の部員たちの前で、新年度最初のミーティングを開き、チームの方針について説明した。

目標は、昨年同様、「1期生が卒業する前に世界一になる」こと。そして、

「何が何でも、今年、全国大会に出場する」

ということである。

今年は人数も増えたので、中学・高校に分かれて、それぞれの大会に出場することが出来るだろう。そして、高1に、マネージャーを希望して入部してきた生徒が1人いた。渡部《わたなべ》かりんである。マネージャーが出来たことで、活動に厚みが増すことになった。

体制は整った。2年目のグリフィンズが本格的にスタートした。

チアの原点

この年、6月の全国高校野球栃木県予選に野球部が初出場を果たすこととなり、グリフィンズもスタンドから応援した。初めて野球応援を体験したグリフィンズの生徒たちは、

「純粋に努力している人たちを応援するという、チア本来の姿を実体験することが出来て、本当に感動しました。チアというものの本当の意味を、今日初めて知りました！」

と、興奮気味に話してくれた。

この時、私の中でチアの原点とでも言うべきあるシーンを思い出していた。

前任のY女子高校時代、チアダンス部の活動が少しずつ知られるようになり、地元の色々なイベントに出演の声をかけていただくようになっていた頃だ。

地域の夏祭りや小中学校の運動会など、内容は様々であった。大勢の皆様の前で演技が出来

る機会というのは貴重なものなので、経験値を増やしたいと考えていた私は、そのようなイベントには可能なかぎり全て出演するようにしていた。

そんな時、ある保護者の方から、ご自身が勤めている保育園のイベントに出演してほしいというお話をいただいた。私は、その依頼をいつものように快くお受けした。

ところが、いざ当日、バスに揺られて指定された場所に行ってみると、本当に田舎の本当に小さな保育園である。そして、ほんのわずかな園児たちの前で、小さな中庭のような場所で演技をすることになった。明らかに、園児の数よりチアダンス部員の人数のほうが多い。さすがの私も、この時ばかりは、「ここで踊るのか……」と声を上げそうになった。

しかし間もなく、その考えが間違いであったことを教えられた。

チアの演技が始まると、園児たちが日を輝かせて、踊っている部員たちの姿にくぎづけになったのだ。そして、小さな体で一緒に踊り出したり、声を発したりして、その楽しそうな笑顔といったら、ほかに変わるものはないように思えた。

これなのだ、これが「チア」なのだ。見る人に元気や勇気、笑顔を与え、一瞬にして幸福な気分にさせる。

つまり、会場の大きさとか、お客さんの数とか、そんなことはどうでもいいのだ。我々の演技が見る人に元気を届け、たとえ一人の観客であっても、その一人を幸福にすることが出来るなら、それでいいのだ。そして、その気持ちがあるかぎり、さらに大きなステージが与えられていくだろう。

目に見えない力の後押し

そのために大事な考え方が、「日々の鍛練」ということである。大きな大会やイベントの直前にだけ必死で練習しても、決していい結果にはつながらない。むしろ大会から一番遠い時期に何が出来るかが大事であり、日頃の鍛練の積み重ねがあって初めて、華やかな舞台での成功がある。

チアダンスには様々な技が出てくるが、その多くで体の軸の安定が重要になってくる。最もわかりやすいのは、ターンで体を回転させる際に、軸がぶれるとうまく回れないことだ。まるで操り人形のように、頭のてっぺんから糸でピーンと引っ張られているかのように真っ直ぐな軸が取れていると、何回転でも綺麗《きれい》なターンを決めることが出来る。

この状態をつくるためには様々な練習がある。いわゆるバーレッスンと言われるバレエの練習、体幹《たいかん》を鍛える筋トレ、もちろん走り込みも。

そして、自分の姿勢を客観的にチェックするために、ビデオに撮って確認する。また、グリフィンズでは車輪のついた可動式の大型の鏡を大量に購入してあり、練習中は体育館の壁面に鏡を並べ、常に自分の姿を見られるようにしている。さらに、二人一組になって技を見せ合い、気になる点をアドバイスし合ったりもする。

そうしたなかで、中2の智菜《ちな》が、軸の取り方に抜群の安定感を見せるようになってきた。やはり、本番の大会で入れてもらえなかったとはいえ、昨年からダブルターンの練習にずっと取り組んできた成果が出てきたと言える。

練習に取り組む際に、よく「量が質に変わる」ということがある。やっていて色々迷うこともあるが、あまり考えすぎずに、とにかく数多くトライしてみる。すると、ある時、誰かのちょっとした一言がヒントになったり、隣で踊っていた仲間の何気ない動きを見てコツを摑んだりすることがある。

こうした現象は、ある一定の量をこなした人でないと起こらない。必死で何かを摑もうとして、もがき苦しみながらも、やめることなく努力を続けていると、ある時ふっと感覚を摑むことがある。実際に智菜《ちな》も、うまく出来なくても諦めずにひたすら練習を続けていたところ、ある時、「目に見えない何かの力がそっと後押ししてくれる感覚」を得たという。

このように、一度軸の取り方の感覚を摑むと、ラインダンスなどでも軸足の安定感が増し、バランス系の技にもチャレンジ出来るようになる。例えば、片足を体の横で斜め上に持ち上げてYの字のような姿勢で静止する「Y字バランス」なども綺麗に決まるようになる。

ただ、グリフィンズはまだまだ全体的に量が足りない生徒が多く、シングルターンの成功率の高い生徒も決して多いとは言えない。ましてやダブルターンがしっかり回れる生徒はごく少数という状態であった。

ゴールデン・グリフィンズ伝説のスタート

この年の夏、初めて中学・高校それぞれのチームに分かれて、大会に出場することになった。共にUSAが主催する大会で、中学生は、7月18日に行われるUSAジュニア・チャレンジ・コンペティション、高校生は、8月20日に行われるUSAノービス・チャンピオンシップである。どちらの大会も予選はなく、ここで上位入賞を果たせば全国大会につながるというものでもない。いわゆる新人戦、新しいチームの登竜門というような大会であり、関東圏の若いチームがチャレンジする。ノービスというのは「初級」というような意味であり、我々にとって絶好の力試しとなる大会である。

まずは、中学生の大会だ。ここで勢いをつけて高校生につなげていきたい。

今年入部してきた6人の中1と1人の中2は皆初心者であり、のりコーチの指導が始まってからまだ1カ月と少ししか経っていないことを考えると、この時点での大会出場はさすがに難しい。今回は、7人の中2で出場することにした。

出場しない部員たちは、制服で観客席から選手を応援する。中2は去年の経験があるからか、2年目とは思えない落ち着きと堂々とした立ち居振る舞いで会場入りした。

ジュニア・チャレンジということで余裕があったわけでは決してない。エントリーしているチームを見てみると、実は過去に全国大会に出場経験のある学校が多く、強豪揃いであった。

それにも臆することなく、生徒たちは落ち着き払って、むしろ大会の雰囲気を楽しんでさえいるように見える。日頃から目指してきたことが一人ひとりに十分浸透している結果なのか、それともまだ現実を知らず、恐れを知らないだけなのか。いずれにしても、「新人類」である。

グリフィンズの演技は16時26分。それまでの時間で、ストレッチや柔軟体操を行い、軽く体を動かしながらイメージトレーニングを繰り返す。中学生リーダーである中2の神野杏奈《じんのあんな》が、仲間たちに的確な指示を出す。サブリーダーの岡田早耶子《おかださやこ》がそれに続き、仲間たちが応える。いい流れだ。

実はこの日の大会で踊る演技は、前任のMコーチがつくってくれた振り付けであった。のりコーチが来てくれてから、まだ1カ月と少し。全く新しい楽曲と振り付けを完成させて大会に出場するのは難しいと判断し、昨年高校生と一緒に踊ってきた演技を、のりコーチが新たに中

2の7人用にフォーメーションをアレンジしてくれたのだ。

ただし今回の演技には、彼女たちにとってあるこだわりがあった。昨年、結局一度も入れてもらうことが出来なかった「ダブルターン」をどうしても入れてほしいと、のりコーチにお願いしていたのだ。

のりコーチもその思いに応え、演技のラストに4人のダブルターンを採用してくれた。今回は、昨年挑戦した早耶子《さやこ》と智菜《ちな》に、新しく沙織《さおり》と礼愛《あやめ》を加えた4人である。

いよいよ出番が近づいてきた。いつものように「落ち着いて最後まで自分たちの力を100%出し切ろう」と一声かけ、私は音響席に向かった。

前のチームの演技が終わり、アナウンスが場内に響く。

演技フロアに赤を基調としたユニフォームの7人が飛び出してくる。そこで円陣を組み、掛け声と共に青のポンポンを持った右手を天に突き上げる。

「ゴールデン・グリフィンズ、ウィー・アー・No.1！ ウィー・アー・No.1！」

音楽が流れ、キレのいい動きで演技がスタート。この振り付けで大会に挑戦するのも、もう4回目になる。表情にも昨年と比べて余裕が出てきた。最初のシングルターンも綺麗に決まり、ジャンプも高く、タイミングもいい。これはいいかもしれないと、私もつい前のめりになる。

中盤になっても動きのキレが落ちていない。中学生独特の「キラキラ感」が出ている。繰り出す技にも高さと安定感が出てきた。そしてラインダンス。勢いよく足が振り上げられ、つま先の伸びも以前よりはよく意識されている。

ここからファンキーなダンスパート。大人っぽい表情や表現力はまだ足りないように見える。最後の明るいアップテンポの曲に変わる。中学生らしい爽やかなダンスが曲とよく合い、会場も盛り上がってきた。Y字バランスなど個々の見せ場があるが、若干角度のずれが見える。それでもアームの力強さやキレは残っており、動きは悪くない。

そしてついに、こだわってきた最後のダブルターン。「しっかり決まれ」と心の中で叫んだが、残念ながら沙織《さおり》と礼愛《あやめ》の2人は完全に2回転回り切ることが出来なかった。それでもバランスを崩さず何とか次の動きにつなげた。

この日の演技は、それぞれに課題はあったものの、今まで見てきたなかで一番のものであった。昨年に比べても堂々と演技しており、今後に向けて、自信につながる内容であった。

結果は、準優勝である。ついに、表彰台に幸福の科学学園が上った。この大会初出場でいきなりの2位という結果は、他校からも驚きをもって迎えられた。

実は、この日は、私の42回目の誕生日であった。最高のバースデイ・プレゼントだ。

大会終了後、記念すべき幸福の科学学園中学校チアダンス部初のトロフィーを、リーダーの杏奈《あんな》が私に手渡してくれた。それを持って、私を真ん中に生徒たちと記念撮影をした。私は、今でもこの写真が大好きである。何とも言えない、いい笑顔の写真だ。自分が原点に帰りたい時は、よくこの写真を見直している。

これが、グリフィンズ伝説のスタートである。

中学生に続け！高校生も入賞なるか？

8月20日、USAノービス・チャンピオンシップが千葉県の船橋アリーナで行われた。

高2は4人、高1が7人。そのうち、1人はマネージャーであり、10人で踊る。高1は、8月6日にJCDA主催の「チアダンスフェスティバル・イン・イクスピアリ」というイベントには出演したことがあった。これは、東京ディズニーランドに隣接しているショッピング・モールの特設ステージでダンスを披露するというイベントである。しかし、大会は今回が初めてである。ぴろたち4人の高2が、倍の人数の高1を引っ張ってきた。

思えば、1期生が入部してきた時、最初は高校生が9人いた。間もなく1人が退部し、しば

らく8人で活動していた。グリフィンズでは、学年ごとに愛称を決めている。1期生のぴろたちは、自分たちの学年を「FUNNY BEE《ファニービー》」と名づけていた。「BEE」は蜂であるが、「8人」の「はち」とかけていた。

それから1年が経ち、高2になったファニー・ビーは4人になっていた。困難な立ち上げ期を乗り越えてきた精鋭メンバーと言えるだろう。

キャプテンのぴろは、伝説のグリフィンズ初代キャプテンである。強いリーダーシップで常に仲間を鼓舞し、妥協せずに高みを目指す。日常の挨拶や返事なども後輩たちの手本となって、チア・スピリットを全身から漲らせている。

副キャプテンの真愛《まい》は、ダンス経験はなかったが、持ち前の芯の強さでチームを支えている。中学時代は四国を代表する吹奏楽の強豪校でトランペット奏者として活躍していた。実は夏の野球部の応援では、ブラスバンドがなかった代わりに、唯一、真愛《まい》のトランペットがスタンドに鳴り響いていた。

そして、桜音《さくら》はバレエ経験があり、しなやかな踊りが特徴である。一見穏やかに見えるが、真愛《まい》と同様に内に秘めた強さを持ち、常に静かな闘志を燃やしていた。

もう一人が、奈々絵《ななえ》である。芸術的なセンスが抜群であり、アイデア豊富で常に新しい企画を提案する創造力を持っていた。いずれも、グリフィンズの創設になくてはならない存在であった。

この日の演技は、この夏のグリフィンズの成長をチーム全体で表現した、素晴らしいものであった。高2が引っ張り、高1が食らいついていく。1年経験が多い分、自分たちがマスターしたことを少しでも多く後輩に伝えようとする高2の姿が光っていた。グリフィンズの未来のために、自分たちの分身をつくっているようでもあった。

結果は第2位。見事、中学生に続き高校生も入賞を果たした。この時、「これでやれる」という確信と共に、今後の活動に向けてある種の自信がついた。ただ、そうは言ってもあくまでも「ノービス大会」での準優勝であり、まだまだこれからやるべきことは多いという実感、そして「次こそは頂点に立ってやる」という決意が入り混じったような感覚であった。

今回高校生は、初めてのりコーチの振り付けで大会に出場した。まだ若いコーチであるが、振り付けのセンスや力の引き出し方など、とても才能に溢れていて、本当にありがたい。グリフィンズを心から愛して、様々な提案をしてくれる。

この大会からコーチの提案で、高校生は右手に金色、左手に青という2色のポンポンを使うことになった。振りの中でも左右のコントラストをうまく使い、ポンポンの見せ方やフォーメーションによる演技フロアの使い方など、グリフィンズに新たな可能性の息吹を吹き込んでくれている。

大会終了後、のりコーチを真ん中に記念撮影をした。この日は、なんとのりコーチの誕生日だった。バースデイ・プレゼントの約束を果たすことができて、高校生はホッと胸をなでおろした。

主《しゅ》の教えの正しさを証明するために

これまで激しい練習を続けてきた部員たちは、体に相当な負荷がかかっており、痛めている箇所も多くなっていた。

そこで部員たちの応援のために、保護者の方がOトレーナーを紹介してくれた。Oトレーナーとは、北京オリンピックで金メダルを取った、あのソフトボール日本代表のトレーナーを務めた方である。今回那須まで泊り込みで実践トレーニング指導と、「不可能を可能にする自立型思考」という講演までしてくださった。

様々な競技の例をあげてわかりやすく講義していただいたなかで、とても印象に残った話があった。それは、この夏の高校野球で、甲子園で活躍したあるチームの話であった。

戦い終えたあとのインタビューで、キャプテンが躍進の理由を聞かれた時に答えた内容が、とても感動的だったというのだ。そのキャプテンは、こう答えていたという。

「僕たちは、指導していただいている○○監督を心から尊敬しています。○○監督の野球理論は大変素晴らしく、僕たちは、○○監督の野球が正しいということを証明するために頑張ってきました」

この話を聞いた時、私の心の中を稲妻のようなものが駆け抜けたのを、今でもはっきりと覚えている。そうだ、これなのだ。我々のやっていることも、これと同じなのだ。

幸福の科学学園は、創立者である大川隆法《おおかわりゅうほう》総裁の教えに基づき、世界で活躍する徳あるリーダーを輩出し、教育界に革命をもたらすために創られた学校である。その教えを実践した我々が結果を残すことは、すなわち教えの正しさを証明していることにほかならない。

では、その教えとはどのようなものであるか。

幸福の科学では、人間は何度も生まれ変わる存在であり、そのたびに様々な環境にチャレンジしながら魂を磨き成長させていくと教わっている。

つまり、人生は1回きりではなく、生まれた環境の違いによって不公平さがあるとしても、実は自分の魂を成長させるために必要な環境を自ら選んで生まれてきているのである。「人生は一冊の問題集」のようなものなのだ。

この世界観を受け入れることが出来れば、どんな環境・境遇に生まれたとしても、それを恨むことなく、与えられた環境の中で前向きに精一杯努力することが出来る。何度も生まれ変わることが出来るなら、人生をわがままに自分の利益のためだけに使うのではなく、他人に心から優しく出来る。いじめのない学校を実現することにもつながる。

また、あの世は、明確な次元構造に分かれており、自分と同じ悟り、傾向性の人間としか一緒に暮らすことが出来ない、言わば居心地のいい場所である。そのため、長く霊界に留《とど》まると魂の成長が止まってしまう。

そこで一定の周期で地上に生まれ変わって、自分と全く傾向性の違う人たちと混ざり合って生活し、学び合う。地上での人生とは、魂を磨き、成長させるための学びの場であると考えれば、様々な個性の違いを受け入れ、全ての人たちから学ぼうという姿勢を持つことが出来る。

この教えを理解すれば、あらゆることから謙虚に学び、自分に厳しく他人に優しい人材が育っていくはずである。

だから、そうした考えが基にある幸福の科学学園では、生徒たちが短期間で成長を遂げ、各分野で活躍して結果を出していくことが可能である。こうしたことを、身をもって世の中に証明していきたい。

大川総裁は、霊界の神々の中でも、最高の存在、神々の主《しゅ》であると我々は信仰している。つまり、我々のやろうとしていることは、「主の教えの正しさを証明する」ということなのだ。

今までも、「我々が短期間で人間的に成長し、結果を出すことで幸福の科学学園の素晴らしさを知ってもらう」ということを、活動の目的として何度も口にしてきた。しかし、さらに一言でそれを表現すると、「主の教えの正しさを証明する」ということなのだ。

Oトレーナーの話を聞いていた時、このようなことを考えていたわけだが、部員たちもまた、同じことを考えていた。「主の教えの正しさを証明する」という、明確な活動の「目的」を全員が共有した瞬間であった。

我々は、我々にしかないものを強みとして戦っていけばいいのだ。その強みとは、チーム全員が同じ「信仰」を持っているということである。

「信仰」を武器にして戦い、「主の教えの正しさを証明する」。幸福の科学学園チアダンス部が、次のステージに入っていったことを、この時確信した。

後日、Oトレーナーが自身のブログにこんな記事を載せてくれた。

「校内を歩いている時、新設2年目の学校だから、もともとすごく綺麗なのですが、生徒たちがしっかり掃除している光景を何度となく見ました。校則がないのに、しっかり『場を清める』ことが出来ているのです。

もともと『信仰心』というものが生徒たちの根底にあることも非常に大きいと思いました。『信仰心』といっても、『神にすがる』という解釈ではなく、生きる上で哲学を持つ＝『軸』を持つ、ということです。何のために、自分は生きて(生かされて)いるのか!? 自分たちが『チアリーディングで優勝する』という目標と、それを通して実現したい崇高な目的を持っている。個を超えた目的のある目標を持っているから、ただひたすら一心に、前向きに取り組んでいる姿がそこにあるのです。

いじめだ、何だ、という後ろ向きなものは一切生まれる余地がない。そんな空気を感じました。11月3日に、高校生の大会があって、月末に中学生の大会がある、と聞きました。いい知らせを待ってます」

彼女がどういった思想・信条を持っている方なのか、私も詳しくは知らない。少なくとも、幸福の科学の方ではない。ただ、内部の目ではなく、外からの目で、このように評価していただいたことは、我々を非常に勇気づけてくれた。

「ワン・フォー・オール、オール・フォー……」

いよいよ、全国大会初出場をかけた戦いが始まる。

我々が今年目指すのは、11月のＪＣＤＡ全日本チアダンス選手権と、3月のＵＳＡナショナルズ全国大会の二つである。

まず高校生が、11月3日、ＪＣＤＡ全日本チアダンス選手権関東予選に出場する。

そして中学生が、11月26日に、同じくJCDA全日本チアダンス選手権関東予選に出場する。

大会本番では、演技の直前に円陣を組んで掛け声をかけ、気持ちを一つにして演技フロアに飛び出していく。これまでは、「ゴールデン・グリフィンズ、ウィー・アー・No.1！ ウィー・アー・No.1！」という掛け声をかけていた。しかし、この大会では今のグリフィンズに相応《ふさわ》しい、新しい掛け声でのぞむ。

「ワン・フォー・オール、オール・フォー・ワン」という言葉がある。17世紀のフランスを舞台にした『三銃士』の物語の中で出てくる言葉である。チームプレーの精神をよく表した言葉で、日本ではラグビー界でよく使われている。私も学生時代にラグビーをやっていたので、この言葉には思い入れがある。

ラグビーは1チーム15人でプレーする。球技の中では一番人数が多い。そして、一つのボールをフォワードの選手からバックスの選手まで、体を張ってパスでつないでトライを取る。パスを前に投げてはいけないので、大勢の選手が後ろにつなげながら前に進む。つまり、得点を取るためには、多くの選手の献身的な働きが必要なので、最後にトライを取った選手は、まるで自分の力で点を取ったかのような派手なガッツポーズやパフォーマンスは決してしない。その代わりに、全員で喜び合う。

この精神が、「ワン・フォー・オール、オール・フォー・ワン」とつながっている。「一人は皆のために、皆は一人のために」、あるいは、後半部分を、「皆は一つ（の勝利）のために」と訳したりもする。

チーム競技の素晴らしいところは、皆で一つのことを分かち合えるということだ。これがよく言われる、1足す1が2にならず、3にも5にも10にもなりえるということだ。チアの競技には、人数に上限がない。20人でも30人でも1チームとして出場出来る。これはラグビーよりも多い人数であり、これだけ多くの仲間たちで一つのことを分かち合うことが出来るのだ。

それに、単に大会本番の時だけではなく、普段の練習や日常生活においても、常に仲間と共に色々なことを分かち合うことが出来る。

例えば、この時点で、グリフィンズは中高合わせて25人の部員がいる。もし誰かが、とても悲しく、辛いことがあったとしても、その悲しみを全員で分け合えば、25分の1の悲しみで済む。逆に、誰かがとても嬉しく喜ばしいことがあった時には、それを全員で分け合えば、その喜びは25倍の喜びに増幅する。

今回、グリフィンズが新たにつくり出した新しい掛け声は、この精神をいかんなく発揮したものである。そして、我々が目指す「一つの勝利」とは、「主の勝利」である。我々が信仰している主とは、神々の主エル・カンターレである。

「ワン・フォー・オール、オール・フォー・エル・カンターレ！」

全ては主のために、主の栄光をこの地に満たすために、我々一人ひとりが光を放っていく。我々の目指しているものが、この新しい掛け声に全て凝縮されている。

涙のJCDA関東予選

今回、高校生は、ポンポン部門スモール編成に出場する。昨年のこの大会は、ゴールデン・グリフィンズが初出場したデビュー戦であったが、35チーム中19位であった。今年は、同じカテゴリーに33チームがエントリーしている。

この1年の成長がどれだけのものであったのかが計られる、貴重な機会になる。

のりコーチが6月から来てくれるようになり、まず高校生に新しい振りを入れてくれた。その演技を最初に披露したのは8月6日のイクスピアリでのイベントだった。初の大会は8月20日のUSAノービス・チャンピオンシップ。その後、9月の大鷲祭《おおわしさい》でもこの演技を披露している。すでに3度の舞台を経験してきた。

そのたびに、着実に成長を遂げてきている。イクスピアリでは、初めての舞台であった6人の高1は、かなり緊張して表情が終始こわばっていた。また、高2も挑戦した出だしのダブルターンがうまく回れず、トータッチジャンプも姿勢が悪かった。ラインダンスは足の高さもタイミングもバラバラ、全体的に何とかファニー・ビーの4人が引っ張ったが、力不足が目立ったデビューであった。

8月のUSAノービスでは、夏休みに鍛えられた成果が発揮され、気持ちが前面に出た演技が出来るようになり、ダブルターンやトータッチもレベルアップしてきた。ただ、フォーメーションの取り方が下手で、移動中の姿勢も悪く、後半になると足元もアームもゆるんでラストに向けた迫力に欠けた。ラインダンスも上げる足の高さがまだ足りなかった。

2学期が始まってからの2カ月間、JCDA関東予選に向けて必死で練習してきた。特に課題となっていたのが、ラインダンスだ。高1はまだ柔軟性が足りず、全国レベルのチームと比べて足の上がる角度が低かった。

そこで、大会に向けてのやり方で悩むことになってしまった。一つは、上がっていない生徒たちが、とにかくもっと高く上がるまで頑張り、決してハードルを下げないというやり方。ただ、これを貫いて、とうとう当日になっても期待する高さまで上げられない生徒がいた場合、上がる生徒と上がらない生徒で角度にバラつきが出てしまい、その焦りから結果的にタイミングも狂ってしまうことになりかねない。

もう一つのやり方は、ある程度高さは妥協して、上がらない生徒に合わせる。ただし、全員の角度とタイミングは完璧にピッタリ合わせてみせるというものだ。

もちろん理想は、高い位置で揃い、タイミングも合っているというのがいいに決まっているが、現実はそうはいかない。

高2は、足の高さを妥協せず、後輩たちが高く上げられるように叱咤激励《しったげきれい》し指導する道を選んだ。私も正直どちらがいいのか悩んだが、生徒の考えを尊重することにした。

さらにラインダンス以外にも、フォーメーションがうまく取れないという課題もあった。チアダンスの演技では、曲に合わせて様々にフォーメーションをチェンジしていくのも醍醐味である。縦横斜めが綺麗に一致し、見事に左右対称の位置についた時の美しさは、見る者を魅了する。

練習の際、最初は体育館の目印を使って移動する位置を覚える。例えば、バスケやバレー、バドミントンなどのラインが赤・黄・白といった色のテープで貼られているが、これらの目印があれば、その場所に移動することは難しくない。

しかし、大会本番の演技フロアにはそうした目印はなく、センターの位置がわかるだけである。つまり、いつまでも目印を頼りに練習していると、本番でフォーメーションが取れなくなる。

そこで、ある程度出来るようになったら、目印は見ないで周りの人との感覚で正確な移動が出来るようにならなければならない。そのために、時々、体育館で踊る向きを変えたり、センターの位置をずらしたり、中庭やグラウンドで練習してみたりして、正確なフォーメーションが取れるかを試す。

グリフィンズの高校生は、8月の大会でうまく出来なかったフォーメーションチェンジの練習にも多くの時間を割いた。その結果、フォーメーションは以前より成長したが、その分最後まで踊り切る通し練習を増やすことが出来ず、後半の体力に不安が残るまま、日にちが過ぎていってしまった。

目指す理想と現実のギャップに悩みながらも、時間は決して待ってはくれない。「何が何でも、今年全国大会に出場する」。その強い思いだけが彼女たちを支えていた。

そしてついに、本番の日を迎えた。全てのウォーミングアップを終え、やがてフロアサイドに進む。目の前で、直前のチームの演技が終了した。

グリフィンズのメンバーは円陣を組み、仲間たちとアイコンタクトすると、ありったけの大きな声で、魂を込めて叫んだ。

「ワン・フォー・オール、オール・フォー・エル・カンターレ！」

拍手と共に高校生10人が演技フロアに飛び出していく。オープニングの力強いアームモーションは迫力もあり、しっかり止まっている。ダブルターンも綺麗に決まった。ここまではいい出だしである。

そしてトータッチジャンプ。高さはあるのだが、つま先が伸びていない。その点は残念であったが、前半を終えて、アピールは十分である。

中盤に入り、足を前後に開いて高く跳ぶジュッテのジャンプは前足の伸びが少し足りなかった。ここから見せ場のラインダンス。しかし、ここがやはり見せ切れない。結局高さが足りず、タイミングも少しずれてしまった。

そしてファンク。これは踊りも大きくて、漲るパワーが会場全体に伝わった。

しかし、ラストのアップテンポの曲に入ったあたりで疲れが見えてきた。移動の足元がゆるみ、お腹の引き上げが足りなくなってきた。やはりここの課題が残った。

それでも最後まで全力を振り絞ってアピールをした。

結果発表までの時間が昨年以上に長く感じられた。

結果発表では、今年も名前を呼ばれることはなかった。退場時に受付で受け取るジャッジ・シートで順位を確認する。12位だった。昨年の19位より順位を上げたが、全国大会には届かない。今回、上位8チームまでが全国大会の出場権を得た。得点差は、1・67点であった。

またしても、わずかのようで、大きな壁が立ちふさがった。悔しい。本当に悔しい。それしか浮かんでこなかった。

しばらく皆で悔し涙を流した。そして、それが少し落ち着いてきた頃、我々の出発点、20

10年4月の大川総裁の教えが心に浮かんできた。

「努力・忍耐・継続・感謝・報恩」

ここで諦めてはいけない。決して立ち止まらずに、今回のことを教訓とし、気持ちを切り替えて前に進むしかない。

バスの中での手紙

高校生の悔し涙を目の前で見てきた中学生が、3週間後、関東予選に挑む。昨年は、高1・中1混成チームで高校生の部に出場した。今年は、中学生単独でこの大会に初めて出場する。

日々の鍛練の結果、軸が安定し、智菜《ちな》に続いてターンを綺麗に決める生徒が徐々に増えてきていた。手本になる選手が一人でもいると、他の選手もいいイメージを持ちやすくなり、上達の速度が速くなる。

ジャンプも、杏奈《あんな》や理沙子《りさこ》など、とても高さの出る生徒が出てきた。トータッチを跳ばせると、左右に開く両足の角度が180度を超えるようになってきている。そうなると、これもターンと同様に周囲にいい影響が出て、高く跳べる生徒が増えてくる。

ただし、ここで気をつけなければならないのは、高さを追求するあまりに、肝心の膝やつま先までしっかり伸ばすということが疎《おろそ》かになり、勢いだけの演技になってしまうことだ。審査員は、そのあたりを決して見逃さない。

特に、演技の最初に跳ぶジャンプは綺麗な姿勢で跳べたとしても、後半に跳ぶジャンプは疲れも出てきて、日頃から勢い任せの練習をしていると、姿勢が崩れることがある。全国を争うレベルになると、このあたりのわずかな膝の曲がりやつま先の伸び具合が勝敗を分けることになる。

練習の際、部分的に切り取って、あるパートだけを演技すると、意識を集中しやすく体力的にも余裕があるので、しっかりつま先まで伸びていて、自分は出来ていると錯覚してしまう。しかし、通しで演技をしてみると、後半で気づかないうちにつま先が曲がってしまうというケースがある。

だから、常に本番の演技を想定して練習をしなければいけない。通しで出来なければ意味がないのだ。理屈ではわかっているが、それを実践するのは意外と難しい。

出来れば、全ての技を練習中に百発百中の状態にしておきたい。そうなっていれば、本番でのプレッシャーは小さくなる。「練習は本番のように、本番は練習のように」である。それを実践出来たわずかなチームだけが、選ばれし者として全国の舞台に立つことが出来る。今回、我々がそうなると強く信じて、日々の練習に全力を注ぎ続けた。

そして11月26日を迎え、我々は会場の東京体育館に向かった。バスには、応援のためにグリフィンズの高校生たちも一緒に乗っていた。学園から会場までは約3時間の道のりである。東北自動車道で、栃木県から埼玉県を通り、都内に入る。車窓に映る景色が、時間の経過と共に都会になっていく。

東京に入ったあたりで、キャプテンのぴろが中学生に向かって声をかけた。

「今日は、うちらが果たせなかったJCDA全国大会出場の夢を絶対に果たしてもらいたい。高校生全員から、中学生全員にその思いを託したくて、皆で手紙を書いてきたから、ぜひ読んでほしい」

中学生からは「うわーっ」と歓声が上がった。高校生はマネージャーのかりんも含めて11人。14人の中学生全員に、一人につき11人分の手紙が手渡された。

はじめのうちは、嬉しさと感動で、あちこちから様々な声が上がっていたが、そのうちにバスの中がだんだん静かになってきた。

様子が気になり、私が後ろを振り返ってみると、手紙を読む中学生たちが、皆静かに涙を流していた。

「高校生の分まで！」

1年ぶりに、東京体育館に戻ってきた。昨年のこの大会はグリフィンズのデビュー戦であり、会場があまりにも巨大に見えた。

しかし、今年は違う。この1年で数多くの経験を積んできた。去年は何が何だかわからないまま演技が終わってしまったが、今年は、本気で予選を突破するためにここにやってきた。

中学生のポンポン部門には34チームが出場する。我々は、中1・中2チームでの出場。他の強豪チームは中3まで出場しているところが多い。それでも、それを言い訳にして負けるわけにはいかない。

中学生は、この大会からいよいよ、のりコーチがつくってくれた新しい振り付けで出場する。また、より中学生らしさを出すために、ノースリーブのユニフォームの下に着る長袖のアンダーシャツを、黒から白に切り替えた。これで、より爽やかでフレッシュな印象になる。ポンポンも、右手に赤、左手に青と、2色にしてコントラストを出した。色々な面で心機一転し、全国の舞台を目指す。

フロアサイドで、リーダーの杏奈《あんな》が全員に声をかける。

「ここまでみんなでやってきたことを思い出して、うちらにしか出来ない最高の演技をしてこよう！　高校生の分まで！　支えてくださった多くの皆さんのために！　そして、主のために！」

「ワン・フォー・オール、オール・フォー・エル・カンターレ！」

14人の中学生が、演技フロアに飛び出していく。

力強いオープニング。中2の3人によるトータッチは、ジャンプの高さも十分だ。全員のシングルターンも綺麗に決まった。パワフルな出だしで好スタートを切っている。のりコーチの曲と振りは、彼女たちの「キラキラ感」をより一層引き出している。

ノリのいいテンポの曲に合わせて、体を躍動させる。動きもいい。ただ、表情が若干つくった笑顔という感じは否めない。

フォーメーションチェンジが続くが、移動もスムーズにいっている。そして再びトータッチ。オープニングに跳んだものと比べると、膝とつま先が曲がってしまった。その後、理沙子《りさこ》、礼愛《あやめ》、沙織《さおり》の3人が最前列のセンターでダブルターンを見せる。これはしっかり決まった。

中盤に差しかかり、ファンクのダンスに入る。以前は物足りなさを感じたが、ファンキーな表現力もついてきて、うまく変化を出せている。ただ、このあたりから肩が上がる子がちらほら見えはじめ、姿勢が崩れてきた。

その後はラインダンス。最初の1本目でタイミングが微妙にずれたのがもったいない。2本目以降はタイミングは合った。ただし、高さがまだ足りない。

ここで勢いを落とさずに、ラストに向けて盛り上げていきたい。明るい曲調に乗ってしっかりと踊っている。細かく見ると、つま先など個々に気になる部分もあるが、全体的には爽やかな好印象のダンスだ。最後の位置にもきっちり移動し、ポーズも決まった。

全国大会出場のかかった大会でどのくらい通用するのか、初めてその実力が計られる。結果発表を待つまでの時間が、いつになく落ち着かなかった。ほかのチームの演技を応援しているうちはまだいいが、全ての演技が終了してから結果発表まで、採点の集計の間の休憩時間では、トイレに行ったり、ショップでチアのグッズを見たり、意味もなく会場内をうろうろ歩いてみたりする。過ごし方はそれぞれだが、皆、時間と共に緊張感が高まっていく。

そしてついに、結果発表の時間を迎えた。

選手席からアナウンスを聞く。高校生の時と同じように、隣同士で手を握り合い、目を閉じて発表を待った。一般客席で応援している高校生のメンバーも、同じようにしてアナウンスを待っている。

頭の中で、自分たちの演技が繰り返し再生され、演技後の「ゴー・グリフィンズ！」の掛け声が何度もこだまする。

しかし、今回も名前を呼ばれることはなかった。またしても、退場時に受け取るジャッジ・シートで順位を確認する。10位であった。今回、中学生の部は上位7チームまでが全国大会の出場権を得た。得点差は、０・６６点である。

演技が終わった瞬間は悔いはないと思ったが、実際に結果が出ると、わずかなずれが悔やまれる。あと少し、後半になっても膝やつま先が伸びていれば……。練習では出来ていたラインダンスのタイミングが合っていれば……。皆、悔し涙が止まらなかった。

必要のない人など一人もいない

全国大会出場に向けて、今年、我々に残された大会は、ＵＳＡナショナルズの予選大会だけとなった。ＵＳＡでは順位に関係なく、予選通過の基準点を超えれば全国大会に出場出来る。全国11会場で予選が行われ、関東では、東京、埼玉、神奈川、千葉でそれぞれ予選が実施され、どこの予選にエントリーしてもいいことになっている。チャンスは２回までであり、２回予選に出場して通過ラインの得点を突破出来なければ、全国大会への出場はない。

今年は、２月４日の東京大会に中高共に出場することにした。ぴろたち高２は、色々と悩んだが、大学受験を考えて、やはりこの春で部活を引退すると言う。高３の夏まで活動してから引退する学校もある。出来ればそうしてほしいと思ったが、本人たちの意志が固い。最後は彼女たちの意志を尊重することにした。

つまり、USAナショナルズ全国大会への出場権を得られなければ、その時点で彼女たちは引退ということになる。全国大会は3月末に幕張メッセで開催される。何とかそこまで一緒に活動したい。一段と練習にも気合が入っていく。

そんなある日、高1の部員の一人が、何やら深刻な表情で私のところを訪ねてきた。森谷衣《もりやえ》未利《みり》である。彼女は、涙をこらえながら、部活を辞めたいと申し出てきたのだ。

話を聞くと、彼女は自分の演技に自信がない。自分が皆の足を引っ張っている。自分のせいで、全国大会出場を逃したら先輩たちに申し訳ないので辞めたい、ということであった。

確かに、この時点で彼女は、決して上手であるとは言えなかった。彼女だけではないが、ターンの軸がぶれて回転後にバランスを崩してしまったり、フォーメーションも若干のずれを感じることがあった。しかし、それを理由に辞めてはいけないと、私は彼女に語りかけた。

私は今まで前任校も含めて、数多くの生徒たちを見てきた。その経験から、たとえ最初はうまく出来なくても、諦めずに努力し続けていると、必ず上達するという姿を何人も目の当たりにしてきた。もちろん得意分野は人それぞれだが、ターン、ジャンプ、ラインダンス、柔軟性、アームの強さ、足の伸び、しなやかさ、表現力、笑顔など、何か秀でるものが必ず出てくる。

1年生の時に、一人だけ上手でないと思った生徒でも、上達の速度が少し遅いだけで、2年生、3年生と上がるうちに、必ず一定のレベルまで出来るようになる。つまり、出来ないと思っているのは今だけで、いずれ必ずある程度の自信を持って踊れるようになるのだ。

そして、こういう生徒の存在が、実はチームにとって本当に重要な意味を持っている。なぜかと言うと、最初からあまり苦労しないで上手に出来た人は、うまく出来ない人の気持ちがわからないことが多い。どうして出来ないのか理解できないため、どうやって教えてあげればいいのかがわからないということになる。

ところが、出来なくて苦労しながらようやく摑み取っていった生徒は、うまく出来ない人の気持ちがよくわかり、自分と同じように苦労している後輩がいた時に、実にうまく教えることが出来るのだ。

そうすると、どんなタイプの人でも入部することが出来、しっかりと自分を成長させていくことが出来る。全ての人に可能性が開けていき、必ず新しい自分に出会うことが出来る、そんな、未来への可能性に満ちた場になる。

だから、このチームに必要のない人など一人もいないのだ。成長の速度が人によって違うだけで、毎日少しずつでも必ず成長している。そして、その人にしか出来ない役割が一人ひとり必ずあるはずなのだ。今は辛い時期かもしれないが、忍耐強く粘り抜けば、いつか必ずその努力が報われる時が来る。

そう話すと、曇っていた衣未利《えみり》の表情に、少し希望の光が射したようであった。彼女は小さく頷《うなず》くと、「今すぐ自信は出ないですが、もう少し頑張ってみます」と言って、わずかに微笑むと、一礼してその場をあとにした。

幸福の科学学園の入り口付近にある創立記念碑には、学園創立者である大川隆法《おおかわりゅうほう》総裁の言葉が刻まれている。

「私は、教育が人間を創ると信じている一人である。若い人たちに、夢とロマンと、精進、勇気の大切さを伝えたい」

私も、そのことを強く信じる一人である。

初タイトル

2月のUSA予選の前に、ミスダンスドリルチーム・ジャパンが主催する「ダンスドリル・ウィンターカップ」が開催される。

ダンスドリルの大会は、毎年6月に関東予選、7月に全国大会が開催されていたが、高校野球に、春の甲子園と夏の甲子園があるように、少しでも多くのチームに活躍の機会と場が与えられるように、数年前から冬の大会「ウィンターカップ」が行われるようになった。

実はこの翌年から、ウィンターカップも本格的に地方予選を行い、夏の大会と並ぶような大きな規模に成長するのだが、この年は、まだ地方予選がなく、いわゆるオープン大会という形で、エントリーしたいチームは全て出場することが出来た。ゴールデン・グリフィンズも中高共に出場した。

ミスダンスドリルチーム・ジャパンには、この世界を長年にわたって牽引してきたK理事長がいた。この世界に関わっている人なら誰もが知るカリスマ的存在である。

K理事長は、桜沢《さくらざわ》という名前から、私のことを親しみを込めて「チェリー」と呼んでくれた。私の姿を見ると「チェリー」「チェリー」と、独特の低く大きな美声で声をかけてくれ、弟のように可愛がってくれた。そのことが、私がこの世界で生きていく上で大きなプラスとなっており、感謝してもし切れない。

私がY女子高校を辞めると伝えた時も、大変心配して声をかけてくれた。その時、「いつか必ず、またこの舞台に帰ってきます！」と言ったことを、その後もずっと覚えていてくれた。

1月14日、ダンスドリル・ウィンターカップが開催。国立代々木競技場第二体育館で、久しぶりにK理事長と再会した。「チェリー！」と、一見強面《こわもて》だが、人懐こい笑顔で我々のチームを迎えてくれた。

「お久しぶりです。まだまだですが、精一杯頑張ります！」と私も応え、握手を交わした。

結果は、高校生は第4位で残念ながらあと一歩入賞には届かなかった。しかし、中学生が見事優勝を果たすことが出来た。

結果発表の瞬間、歓喜の輪が出来た。ついにやった。ようやくここまで来た。正式な全国大会というわけではなかったが、ゴールデン・グリフィンズに、初のタイトルをもたらすことが出来た。これは、大きな自信になった。

全国大会出場なるか

今年度、全国大会出場に向けた最後のチャンス、USAナショナルズ予選大会。全国11会場のうち、グリフィンズは、2月4日の東京大会に中高共に出場する。

前にも述べたが、ぴろたち高2は、USAナショナルズ全国大会への出場権を得られなければ、その時点で引退する。予選通過ラインは、高校生は85点、中学生は80点である。

会場は、駒沢オリンピック公園総合体育館。昨年の夏、中学生が私にバースデイ・トロフィーを贈ってくれた、相性のいい会場である。

予選には2回までチャレンジ出来る。昨年は、中1・高1混成チームで高校生の部に出場し、1回目が80・67点。1カ月後にリベンジをかけた2度目の挑戦が、81・67点であった。

今年は中高別々に出場する。中学生は、予選通過ラインを見れば、十分に可能性がある。この1年、いくつかトロフィーもいただいてきたし、普段の練習中も、得意の「キラキラ感」を発揮していた。

彼女たちはいわゆる新人類として、プレッシャーも緊張も感じていない様子である。むしろ、自分たちが最初に全国大会出場を成し遂げるという道のりを楽しんでいるかのようであった。

しかし、高校生は状況が違っていた。高2は、これが全国大会出場を果たす最後のチャンスである。高1は、そんな高2の足を引っ張るわけにはいかない。どちらも、プレッシャーと緊張に押しつぶされそうであった。

JCDA関東予選の教訓を生かし、部分的な練習の時だけではなく、通しでも力を発揮することを目指してきた。毎日の練習の最後に、本番を意識した通しの演技を中高1回ずつ披露し、私が審査員のような位置に座って評価する。これを繰り返してきた。本番は1回しか踊れない。毎日の練習から、「この1回にかける」というマインドを大事に育ててきた。

そして、とうとう当日を迎えた。

先に演技をするのは中学生である。2カ月前は、練習ではうまくいっていたラインダンスの足を上げるタイミングがわずかにずれた。また、上げる足の高さもまだ足りていなかった。しかし今は違う。柔軟性を高め、量が質に変わるまで踊り込んできた。トータッチもダブルターンも本番を意識して磨きをかけてきた。

選手席から高校生、一般客席からは応援に駆けつけてくれた保護者の皆さんがありったけの声援を送る。グリフィンズの中学生が笑顔で演技フロアに飛び出してきた。

少しずつグリフィンズのことを知っていただけるようになったのか、他チームから送られる声援も増えてきた。それに対して浮足立つこともなく、選手たちは落ち着いている。

音楽と共に演技がスタートした。オープニングのトータッチも高い。直後のダブルターンは6人に増えた。全員がキラキラ輝いている。表情もいい。踊っているほうも見ているほうも楽しんでいるのがわかる。一つひとつ技が決まるたびに客席から歓声が上がる。

中盤のファンクになると、踊りも表情もしっかり雰囲気を変え、フォーメーションの移動にも自信が見えている。あえて言えば、ジャンプのつま先が気になったが、キレとダイナミックさでカバーした。

そして、注目のラインダンスはというと、スピード感、高さ、タイミングも合っていた。さらに、後半になっても「キラキラ感」は衰えていない。

――いける、ついに念願が叶う。

全てのチームの演技が終了し、クロージングセレモニーが行われた。選手は全員、演技フロアに整列する。各チームがそれぞれのチームカラーのユニフォームで一堂に集まる光景は、客席から見ていて実に華やかだ。

この華やかさの裏では、様々な努力・精進、苦難・困難、痛みや怪我との戦い、葛藤やドラマが繰り広げられてきた。しかし、それを全て包み込み、選手たちは笑顔でこのセレモニーにのぞんでいる。内心では結果発表への期待と不安に押しつぶされそうになりながら。

3位から1位が発表され、その後、得点基準をクリアした全国大会出場チームが読み上げられる。

「第3位、SY中学校バトン部！」

場内にアナウンスが流れると、演技フロアに整列している選手の一角と、客席の一部から歓声が上がる。

「第2位、A学院中等部ダンス部！」

何度経験しても、緊張する瞬間である。次に名前が呼ばれれば優勝、呼ばれなければ、順位も得点も、帰りに受け取るジャッジ・シートを見るまでわからない。

「第1位」

掌に汗が流れる。胸の鼓動が高鳴る。一瞬の静寂が訪れる。

「幸福の科学学園中学校チアダンス部ゴールデン・グリフィンズ！」

やった！　ついに優勝した！　会場が拍手と歓声に包まれた。思わず立ち上がってガッツポーズをしていた。選手たちも、演技フロアで抱き合うやら泣くやら笑うやらぐちゃぐちゃになっていた。ついにここまで来た。

続いて、80点をクリアした全国大会出場チームが発表される。呼ばれたのは、入賞したこの3チームだけであった。この発表で、正式に全国大会出場が決定した。嬉しい気持ちのあとに、ホッと安堵の思いが込み上げてきた。

魂の輝きを演技に

「全国大会を逃すと、その時点で引退」

中学生と違い、受験や卒業を控えた高校生たちは、チアダンス生命をかけた戦いをしていた。しかし、結果はのぞんでいたものではなかった。中学生と同日、USA東京予選に出場した高校生の得点は82・33点。全国に行ける85点にわずかに届かなかった。もちろん昨年より点数は高い。確実に成長してきた証拠だ。しかし、全国大会に届くところまでは、まだ到達していなかった。

ただしチャンスはもう1度だけあった。2月25日の千葉大会で、予選に再エントリー出来る。残された時間は3週間である。

高校生は、ここまでの戦いぶりを振り返ってみた。自分たちに何が足りないのか、何か間違ったやり方をしていたのか……。

そこで浮かび上がってきたのは、目的と目標が、いつの間にか入れ替わってしまっていたということであった。

全国大会出場にこだわるあまり、「ねばならぬ」の思いが強くなり、自分たちの動きや表情を縛っていたのだ。

全国大会に出場することが目的ではない。主の教えを学んだ我々が、心からの成長を遂げた結果、最高に光り輝いて、見る人に勇気や感動を与える。全国大会に出場出来るかどうかは、あくまでもそのあとについてくるものであって、目的ではない。

やはり、この活動の原点を常に確認する必要があるのだ。ここにきて、あらためてそこに気づかされた。「最後のチャンス」「全国大会出場」ということに執着するのではなく、自分たちが最高にチアを楽しんで練習する。そうすれば、見る人にもチアの楽しさや魅力が伝わるかもしれない。悲壮感の漂う演技では、人を元気づけることも勇気づけることも出来ない。それは、チアではない。

そこに気がついた高校生たちは、日に日に輝きを取り戻していった。得点や順位という結果にこだわるのではなく、自分たちが最高の光を放ち、見る人に感動を与えるということにこだわっていきたい。中学生たちが見せた「キラキラ感」のある演技を目指したい。

ただ、私の目には、中学生と高校生の背負っているものの違いが見えていた。「キラキラ」に輝くことの素晴らしさは十分認識している。しかし、責任の重さ、期待の大きさ、引退までに残された時間の短さ、そして、中学生より高いハードルをクリアするために、限界まで負荷をかけ悲鳴を上げている体。様々な重圧の中でも、主への信仰と使命感が彼女たちを支えていた。

彼女たちを日々間近で見ている私は、何とかして彼女たちが背負っているものを、少しでも軽くしてあげたいという一心であった。何が出来るのか。私は一人、大川隆法《おおかわりゅうほう》記念講堂のエル・カンターレ像の前で祈った。すると、心の声が聞こえてきた。

「戦っているのは、決して自分たちだけではない」

その時、大川総裁の書籍『君よ、涙の谷を渡れ。』の第1章「純粋な信仰」の一節が心に浮かんできた。

「私は、いつも、あなたがたと共にいます。あなたがたが幸福なときにばかり、共にいるわけではありません。

あなたがたが私を必要としているときにこそ、私は、あなたがたと共にいるのです。そのときのために私はいるのです。

あなたがたが一人で幸福に過ごせているときには、私の姿を見ることはできないでしょう。しかし、あなたがたが不幸のなかにあって、ほんとうに困っているときには、私に祈ってください。私のことを思ってください。私は、必ず、あなたがたと共にいます。

それが信仰の意味です。信仰とは親子以上の深い絆です。なぜなら、私とあなたがたは魂でつながっているからです」

そうだ、神様は、常に、どんな時も我々と共にいてくださるのだ。自分たちの力だけで何とかしようとするのではなく、信仰を持っている我々が、使命を果たすために、主と一体となり、天上界と一緒になって戦えばいいのだ。

幸福の科学学園は、那須の広大な自然の中にその敷地がある。そして、その隣に那須精舎という幸福の科学の研修施設がある。わかりやすく言えば、お寺や教会のようなものだ。そこでは、様々な祈願が執り行われている。私は、生徒たちの成功と体の回復を願って祈願をすることにした。そして、生徒たちにも思いを向けてくれるよう話した。

様々な宗教で、病気治しのようなものが行われている。純粋な信仰心の表れとして、心からの透明な祈願によって難病が治癒するという奇跡は、宗派を超えて世界中で報告されている。

幸福の科学でも、祈願によってガンなどの病気が治ったという実例をよく耳にする。単に神にすがるのではなく、日頃から自助努力の精神を持ち、出来ることに全力で取り組んだ上で、自分の成功が世の中をよくし、人々によき感化を与える方向で天上界に祈願することで、思いが実現するということだ。

まさに、「天は自ら助くる者を助く」ということであり、自力があるところに他力の光がのぞむ。

さっそく奇跡は起きた。

高2の中山桜音《さくら》が、私のところに興奮した表情でやって来た。

「先生、今日していただいた祈願は、○時○分でしたか!?」

その通りの時間である。

「以前、練習中に腰がピキッという音を立てて、それ以来ずっとそこが傷《いた》んで思うように動けなかったのですが、今日、その時間に、また同じ場所がピキッといって、治りました!」

同様の報告を複数の部員たちから聞いた。よかった、ありがたい。聞き届けていただいた。涙が出る思いだった。

それ以来、部員たちの顔から迷いが消えたように見えた。自分たちは、多くの皆様から愛され、支えられて活動している。そして何より、主から愛されている。これに勝る安心感はない。それまでは、「自分がやらなければいけない」「自分の力で皆を喜ばせてみせる」「怪我や痛みを押してでも自分はやってやる」という、「自分が」「自分が」という思いが先に立っていた。そのせいで、自然な表現や心からの笑顔が失われ、どこか悲壮感のようなものが表に現れていた。

しかし、今は違った。天上界から流れくる光を受け止め、自分の体を通してその輝きを見る人に伝える。自然な身のこなし、爽やかで心からの笑顔。これなのだ。我々がこの数年間求めてきたものが、一つの形として見えたような思いがした。

順位や得点はあとからついてくるものであり、我々にしかない「魂の輝き」を演技にして、多くの皆様に見ていただきたい、光を届けたい。残りの3週間は、とても穏やかで、暖かい心境で練習にのぞむことが出来た。最高のチームワーク、天上界をも味方につけたチームワークが発揮された3週間であった。

ファニー・ビー、すがすがしい笑顔

２０１１年2月23日。いよいよ明後日がＵＳＡ千葉大会。前日は千葉のホテルに宿泊するため、本番2日前のこの日の夕方、体育館にて校内発表をした。

２月の体育館はとても寒かったが、大勢の生徒・教職員の皆さんが足を運んでくれた。もし、予選を通過出来なければ、このメンバーで学園の皆さんに演技を披露するのは最後になる。

赤いチームカラーのユニフォームを着た高校生10人の思いが一つになり、今まで支えてくれた皆さんへの感謝が演技となって体育館に広がった。

いい演技であった。全力で踊り終えた選手たちは、その後、横一列に並んで深々と頭を下げた。ぴろの目に、涙はなかった。ファニー・ビーの４人は、晴れやかな表情をしていた。あとは本番で自分たちの演技を最高に楽しむだけだ。明日、那須から千葉に向けて旅立つ。万感の思いを込めて……。

迎えた2月25日、ＵＳＡ千葉大会。この日、本当に選手たちは落ち着いていた。表情にも迷いがない。そして、明らかにいつもと違うのは、大会そのものを心から楽しもうとしていることであった。自分たちが演技をするだけでなく、他のチームの演技に対しても、選手席から精一杯の声援を送り続け、会場全体を盛り上げていた。ぴろたち高２の４人が率先して声を出し、後輩たちもそれに呼応して手拍子やエールを送る。

その結果、他のチームもそれに乗せられて会場に一体感が生まれていた。お互いがお互いを応援し合う。これこそがチアの原点であり、魅力である。

いよいよ直前リハーサルを終え、10人の選手たちはスタンバイエリアに向かう。私もその場で全員を見送った。言葉はいらない。アイコンタクトで思いは通じている。マネージャーのかりんはビデオ撮影席へ、私は音響席へ、それぞれがそれぞれの持ち場に着く。赤いユニフォームがフロアに飛び出していく。

曲が流れると同時に演技がスタートする。「これは!」と私は思わず息を呑んだ。今年1年、彼女たちの演技をずっと見てきたが、明らかに動き、表情、輝きが今までとは違う。過去最高の出来だ。前回の予選で初めて挑戦し、回転不足で完璧に決まらないことが多かった全員でのダブルターンを見事に成功させ、フォーメーションもまるで決められた軌道の上を歩いているかのような、綺麗な移動が出来ている。

しかも、疲れを見せることなく曲に合わせて、白い歯を見せる元気な笑顔、自然に口元をゆるめた爽やかな微笑み、迫力満点のファンキーなキメ顔など、大会に出たばかりの頃はこわばっていたのに、今、目の前で踊っている彼女たちは変幻自在の表情を見せてくれている。

ここでこの演技を見ることが出来ただけで、私はもう満足だった。もうこれ以上何もいらない。出来れば、このまま結果発表なんてなく、ずっと時間が止まったままでいてほしいと思った。

私は今でも、この時の演技のビデオを家で見直す時がある。本当に堂々とした演技で、自分たちがやってきたことに悔いはないという思いが伝わってくる。何度見てもなぜか自然と涙が溢れてくる。

全てのチームの演技が終わると、選手たちは演技フロアに整列した。それぞれのカテゴリーごとに入賞チームが発表され、表彰が行われる。苦労してチームを立ち上げてきたぴろたちに、何としてでも最後にいい思いをさせてあげたい。あの華やかな全国大会の舞台に、どうしても立たせてあげたい。

様々な思いが込み上げてくる。そんななか、第3位、第2位が発表された。そして第1位――。

ついにグリフィンズの名前が呼ばれることはなかった。

全国大会出場チームが発表される。3位までに入らなくとも、点数が85点に達していれば出場することが出来る。全員が、祈る思いでこの瞬間を過ごした。何度味わっても、この緊張感は胸が張り裂けそうである。

しかし、85点をクリアしたのは、入賞した3チームのみであった。創部2年目の幸福の科学学園高等学校チアダンス部の、全国大会出場への挑戦は終わった。

つまりそれは、ぴろたちファニー・ビー、1期生4人の引退を意味した。

あとでジャッジ・シートを見ると、結果は4位であった。得点は、83・33点。自己ベストである。大会に出場するたびに、得点は上がり続けている。それでも全国大会まで残りあと1・67点。残念ながらあと一歩、届かなかった。

しかし今回、今までで最高の演技をすることができ、この日のために共に努力してきた仲間たちと今出せる最高の力を出し切れたことで、大きな感動を味わうことが出来た。会場にも、何かが伝わったはずである。使命感を持ってここまで成長してきた選手たちに、心からねぎらいの言葉を贈りたい。

表彰式は、まだ続いていた。入賞チームや全国大会出場チームの発表のあとに、特別賞の表彰が行われた。そこで、思わぬイイシラセが飛び込んできた。

順位に関係なく、他校への応援も含めて選手席から会場を最も盛り上げ、大会の成功に大きく貢献した「チアアップ賞」に、何と我々幸福の科学学園高校チアダンス部が選ばれたのである。この賞は、全出場チームの中から1チームだけ選出される。

グリフィンズの「チアの原点に返り、愛と勇気、元気を届けよう」という姿勢から、審査員や他校の生徒たちにも感動が伝わったのかもしれない。引退する高2から後輩たちへの最高の贈り物である。ある意味で、チアの世界で活躍している選手たちにとって、最も誇らしい賞であると言えるかもしれない。

彼女たちファニー・ビーの4人は、最後まで「チアリーダー」であり続けた。その姿で、立派に後輩たちを育ててくれた。全国大会出場の夢は叶わなかったが、それ以上のものをチームに残してくれた。

夢は後輩たちに託された。彼女たちと共に過ごした後輩たちに、必ず全国大会で活躍し、そして世界大会出場を果たすという夢が託された。いつか必ず果たしてくれる日が来るだろう。

表彰式終了後、着替え終わった選手たちが会場の外に集合した。結果は本当に悔しいものであったが、自分たちの演技を出し切った選手たちは、すがすがしい表情をしていた。

この時は、笑顔の選手たちに反して、私のほうが涙をこらえ切れなかった。

「苦労してきた君たちに何としても、最後にいい思いをさせてあげたかった。華やかな全国大会の舞台に、立たせてあげたかった。本当に申し訳ない」

ゼロからチームを立ち上げてくれた4人には本当に感謝である。そして、初代キャプテンのぴろ。彼女は中高一貫の私立Y学院中学でチアダンス部に所属していたが、あえて困難な道を選んで高校から幸福の科学学園に入学し、チアダンス部に入部してくれた。

実は、今回、Y学院高校チアダンス部が「USAナショナルズ全国大会」への出場を果たすことになった。そのまま進学していれば、彼女は全国大会の舞台を経験することが出来たのだ。そのことを思うと、本当に辛く、胸が痛い。帰りのバスの中でそのことをぴろに話すと、彼女は、

「全くそんなことは気にしていません。むしろ、誰も出来ない経験をさせていただいたことに本当に感謝しています。私たちの夢は、必ず後輩たちが果たしてくれると信じています。実際、中学生がすでに今年夢を果たしてくれました。彼女たちを私は誇りに思います」

と、笑顔で答えてくれた。

那須までの道のり、4人と私は、これからの夢について語り合った。

この日、ぴろ、真愛《まい》、桜音《さくら》、奈々絵《ななえ》、伝説の高校第1期生ファニー・ビーの4人が引退した。彼女たちの存在は、永遠に語り継がれることになるだろう。グリフィンズの栄光の歴史と共に。

初めての全国大会

「USAナショナルズ2012全国大会」、国内最大級のチアの大会は、3月25日、幕張メッセ・イベントホールで開催された。

全国の予選を勝ち抜いてきたチームだけが集える、誇り高き晴れのステージでもあり、緊迫した戦いの舞台でもある。

幸福の科学学園中学校チアダンス部が出場するソングリーディング・ポン部門中学校編成には、全国11ブロックの予選を勝ち抜いてきた13チームが名を連ねた。いずれも私立の中高一貫校で、中学3年生が出場する伝統ある強豪校ばかりであった。我々は創部2年目の1・2年生だけのチームである。初の全国の舞台でどこまで戦えるのか。

午前9時、オープニングセレモニーが始まった。すでに幕張メッセの2階・3階のスタンド席、1階のアリーナ席は超満員の観客で埋め尽くされている。大音響と共に、照明が消え、歓声が上がる。スポットライトやレーザー光線による光の演出が演技フロアを照らし出し、次の瞬間、入場ゲートからオープニングを飾るチアリーダーたちが登場する。USAジャパンのインストラクターたちによるデモンストレーションである。会場のボルテージが一気に上がる。

これが全国大会のステージである。予選の雰囲気とは全く違う華やかな演出に、見る者が魅了される。選ばれた者だけが立つことの出来る最高のステージに、選手席の生徒たちも俄然テンションが上がる。

グリフィンズの出場は12時3分、本番まであと3時間である。この雰囲気に呑まれることなく、いかに平常心で自分たちの演技が出来るかが鍵となる。

創部2年目での初の全国大会。私は、出来るだけ堂々と普段通りに振る舞ってみせた。生徒たちの緊張を少しでもやわらげたいと思ったからだ。ただ、そこは新人類たちである。多少の緊張はあったようだが、むしろこの晴れの舞台を楽しんでいるようであった。この様子であれば、得意の「キラキラ感」も健在であり、いつもの力が発揮出来るはずだ。

彼女たちは、ウォーミングアップに向かった。リーダーの神野杏奈《じんのあんな》が、14人の仲間をしっかりとまとめ上げている。

「自分たちは、今回ここに出場が叶わなかった高校生の思いも含めて、ゴールデン・グリフィンズの代表として今この場に来ているし、全国で支えてくださる皆さんの思いを受けて、この場に立たせていただいている。だから、しっかりと、全ての皆さんへの感謝の思いをダンスで表現し、恩返ししていこう！」

「ハイッ！」

全員の心が一つになっていく。杏奈《あんな》の言葉には、どこか仲間たちの心を惹きつけるものがある。魂の叫びである。

彼女たちを見ていると、全国の皆さんの思いが決してプレッシャーになるのではなく、安心材料として、落ち着きを与えているのがわかる。そして、自分たちの輝きを、見る人たちに届けたいという純粋な気持ちが伝わってくる。余計な力は決して入っていない。

「思い」のほうは大丈夫である。あとはしっかりと体を動かし、着々と準備を整えていくだけだ。

会場の雰囲気も、いよいよ盛り上がってきた。バスで那須を出発した、幸福の科学学園生徒・教職員による応援団も到着、全国から駆けつけた保護者の皆さんと合流し、50名を超える一団が、観客席の一角を陣取っている。

ウォーミングアップを終えた選手たちに、私も一言、二言コメントをすると、いつものように音響席に向かった。彼女たちはいい笑顔をしている。きっとやってくれる。

いよいよグリフィンズの出番である。各チームが登場する際、チーム紹介のアナウンスが流れる。事前に１００字以内のコメントを各チームから大会本部に送るのだが、グリフィンズは、リーダーの杏奈《あんな》が原稿を書いた。

「エントリーナンバー30番、幸福の科学学園中学校ゴールデン・グリフィンズ！

――こんにちは、ゴールデン・グリフィンズです。私たちは、全国大会初出場ですが、仲間を信じ、心を一つにして、この会場を感動と光で満たしたいと思います。私たちにしかない魂の輝きをご覧ください。ゴー・グリフィンズ！」

演技フロアに14人が飛び出していく。会場のあちこちから声援が飛ぶ。音楽と共に最高の笑顔でパフォーマンスが始まった。

「キラキラ」している。彼女たちの魂の輝きが、会場を感動と光で満たしていく。トータッチは7人、ダブルターンは8人に増えた。2人や3人でやるよりずっとダイナミックで力強い。人数が増えたにもかかわらず、彼女たちの動きはシンクロしていた。

さらに、グリフィンズ初のトリプルターンを智菜《ちな》、沙織《さおり》、理沙子《りさこ》がやってのけた。

中盤のラインダンスもしっかりと魅せている。そして後半、勢いは全く衰えず、むしろエナジーが加速していく。ジャンプやターンなど、技もきっちり成功させ、ラストのポーズ、決まった。最高の演技であった。彼女たちは会場中の歓声を身にまとい、すがすがしい笑顔を観客席に向けていた。課題を克服すべく、きつい練習を乗り越えたあとのやり切った表情だった。

「ゴー・グリフィンズ!」。

自己ベストをはるかに更新していた。

結果は第5位。見事入賞である。

全国大会初出場、開校2年目、創部2年目の1・2年生チームでこの結果は、本当に立派である。快挙と言えるだろう。彼女たちには心からおめでとうと言い、お疲れ様とねぎらいたい。自分たちの演技をやり切っただけでなく、結果も残すことが出来た。

表彰台にリーダーの杏奈《あんな》とサブリーダーの早耶子《さやこ》が上がり、賞状とトロフィーを受け取る。会場が拍手で包まれた。

学園創立メンバーという使命感と、全国で支えていただいている全ての皆様への感謝の思いが、自分たちを表彰台に押し上げる原動力となった。このような結果につながったことを、支えていただいた全ての皆様に心から感謝したい。

そして、主への信仰の力が全ての根源にあり、この力があるかぎり、グリフィンズは常に成長し、進化し続けていけるはずである。

そう、我々の目指す目標はあくまでも世界の頂点であり、ここで立ち止まるわけにはいかないのだ。

第3章

創部3年目の「飛躍」

PART 1 目指せ全国！

新キャプテンの苦悩

２０１２年４月。

学園２期生の高２チアダンス部員は７人いた。彼女たちの学年の愛称は「メルシー・ラパン」であった。フランス語で、「メルシー」は「ありがとう」、「ラパン」は「うさぎ」。つまり、「ありがとウサギ」である。

彼女たち２期生は、３月の東日本大震災の直後に入学してきた。その当時、テレビＣＭは、ほとんどＡＣ（公共広告機構）のものが流れていた。その中で登場したキャラクターに「ありがとウサギ」がいた。自分たちが、この時代に学園に入学し、活躍したことを忘れないためにここから名前を取った。

「メルシー」で、支えていただいている多くの方々への感謝を、「ラパン」で、うさぎのようにピョンピョンと跳躍的に成長して、人を惹きつけられる自分たちになれるようにという思いも込めていた。

ぴろたちファニー・ビーの4人が引退し、一つずつ学年が上がって、この高2の中から、新しいキャプテンと副キャプテンが選出された。

キャプテンが「古味幸乃《こみゆきの》」、副キャプテンが「中本永遠《なかもととわ》」である。

ぴろが高1から2年間キャプテンを務めたので、創部3年目のグリフィンズで、2代目キャプテンの誕生である。

どのようにして決定したのか。決定における最終責任者は、もちろん顧問の私である。キャプテン・副キャプテンの人選というのは、1年間チームを運営していく上でとても重要であり、その過程においては、各方面と何度も話し合いを重ねて決定した。引退したファニー・ビーの4人からも、練習の様子だけでなく、寮生活や授業中の取り組みなども詳しく話を聞いた。また、のりコーチとも技術面やレッスンへの取り組み、理解力などを含め様々に確認した。

決定のポイントはいくつかある。技術的に高いものを持っているということはもちろん大事だ。合わせて、努力する姿勢、さらに発信力。そして、重要なのはコミュニケーション能力である。顧問やコーチ、同級生や先輩、後輩、またチームの直接的な関係者ではない各方面、例えば担任や寮のスタッフなどとも良好な関係を築けるかどうか、必要な情報交換を、必要なタイミングで行うことが出来るか。このあたりの能力が、実はリーダーシップを発揮する上での重要な要素になってくる。

同時に中学生のリーダーも決定する。グリフィンズは、中高合わせて一つの部活動として存在しており、練習も一緒に行っているため、キャプテンは中高合わせて一人である。しかし、中学生のリーダーも必要であるため、代表を一人立てて、その代表のことを、「中学生リーダー」と呼んでいる。

中学生リーダーは今年中3になった神野杏奈《じんのあんな》、副リーダーは岡田早耶子《おかださやこ》。この二人は3年連続での選出である。

2代目キャプテンに就任した高2の古味幸乃《こみゆきの》に、大きなプレッシャーがかかっていたのは言うまでもない。何しろ、初代部長であった「ぴろ」こと小林裕美《こばやしひろみ》は、見るからにカリスマ性があり、存在感の塊のような人物であった。唯一のチアダンス経験者でもあり、そのキャプテンが2年間チームを引っ張っていたのだ。

また、中学生リーダーの杏奈《あんな》も、すでに実力、努力する姿勢、信仰心で大きな存在感を示しているばかりでなく、学業においても学年トップを維持している。リーダーとして3年目を迎え、経験値もかなり高い。新設校の開校初年度1期生でなければ、3年連続でリーダーを務めるなどという経験は普通ありえない。

そして、顧問の私は、指導者として全国優勝、世界優勝も経験しており、のりコーチも選手時代に部長を務め、大学では全国優勝、世界準優勝を経験している。

ある意味それが当たり前という環境で、部員たちも、経験や存在感のある優秀なリーダーがチームをまとめ、引っ張っていくという状態に慣れてしまっており、自然とキャプテンに対する要求レベルが高くなっていた。

そんななかでキャプテンに指名されたのが、幸乃《ゆきの》であった。

ぴろは性格的に即断即決、その場で判断して指示を出し、一度決めたら後戻りせずにぐいぐい引っ張り上げるタイプであった。それに比べると、幸乃《ゆきの》は慎重に判断をするタイプであり、指示を出すのがぴろと比べると遅かった。周りの反応を気にしている姿が、ぴろのやり方に慣れている生徒たちには優柔不断に映った。

そのうちに幸乃《ゆきの》の指示が出るのを待ち切れない生徒が出てきた。同じ高２の神野《じんの》杏樹《あんじゅ》である。杏樹《あんじゅ》は中学生リーダーの杏奈《あんな》の姉であり、学園１期生の杏奈《あんな》が中２に上がる年に、２期生として高校に入学してきた。

杏樹《あんじゅ》は、ぴろとタイプが似ていた。実は杏樹《あんじゅ》をキャプテンにしたらいいのではという声も一部あがっていた。その選択肢もありえただろう。もちろん、幸乃《ゆきの》と杏樹《あんじゅ》それぞれに長所と短所があったが、総合的な判断のもと、最終的に私は幸乃《ゆきの》を指名した。

考えてみれば、ぴろであっても杏奈《あんな》であっても、就任当初から何の悩みもなく順風満帆にリーダーシップを発揮出来たわけではない。様々な失敗を経て、試行錯誤を繰り返しながら経験を積んできたから、よきリーダーに成長することが出来たのだ。

だから、当然幸乃《ゆきの》にも時間が必要であった。しかし、この時それを待てない事情があった。

それは、体育祭である。

例年、幸福の科学学園の体育祭は6月に開催されていた。初年度が6月6日、2年目が6月5日である。ところがこの年は、他の日程との調整で、5月20日の開催となっていた。準備の時間が大幅に少ない。

仮入部期間を経て、4月末に入部した新入生を含むメンバー全員で、オリジナルの演技をつくり、完成させて披露しなければならない。

学園生の特徴として、豊かな創造性を発揮して、常に新しいものを生み出し、進化し続けたいという願望が強い。つまり、何事においても、「昨年を超えていきたい」という思いが強くある。第1回目の体育祭が、伝説として語り継がれるほどのものであった。2年目、3年目とさらにそれを超えるものをつくりたい。

競技の練習への取り組みもそうだが、団ごとの応援合戦も毎年加熱している。クラスや団ごとに、朝練・昼練・夜練の指示が出る。教員のほうでしっかり動きを把握してある程度コントロールしないと、大変な負荷がかかる。

そのなかで、チアダンス部の2期生も、強い意気込みで体育祭にのぞんでいた。今までの2

第3章
創部3年目の「飛躍」

年間、ぴろたちファニー・ビーが仕切ってきた。自分たちの代になって、グレードが下がったと思われるのはのぞむところではない。むしろ、さらに進化し、過去最高のものをつくりたいと気合を入れていた。

幸福の科学学園では、高3は大学入試を控えているため、体育祭や文化祭などの行事は、高2が中心になって運営していく。ただでさえ、クラスや団の活動が大変ななか、チアダンス部の生徒たちは積極的に学園に貢献しようという思いが強く、体育祭実行委員や団長や副団長を務める者もいた。さらに、チアの演技も披露させていただく。メルシー・ラパンのメンバーには自然と負荷がかかっていった。

そうした状況で、チームを仕切っていくのがキャプテンであり、最も日程的に厳しい年の体育祭の練習を、就任間もない幸乃《ゆきの》が任されることになったのだ。

そんななか、どんどん決断して練習を先に進めていくことをのぞむ杏樹《あんじゅ》が、幸乃《ゆきの》よりも先に指示を出して部活を仕切るようになってきた。実際に杏樹《あんじゅ》には決断力と実行力があり、練習も早く進んでいく。この状況に、幸乃《ゆきの》もどうしていいのかわからず、自信をなくして私に相談に来た。

実はそれに先立って、マネージャーのかりんが私にメルシー・ラパン一人ひとりの思いを様々に報告してくれていた。観察眼の鋭い彼女は、こうなることをある程度予想しており、幸乃《ゆきの》が私のところに来る前に、「ラパンの中では、キャプテンを変えたほうがいいのではという声も出ていますが、どう思われますか？」と伝えてきた。それに対して、私の中で答えははっきりしていた。

「それは、全く考えていない」

私の完全な即答に、かりんも安心したように大きく頷《うなず》いた。その反応を見て、その後そういった話は出なくなった。

ただし、言った以上、部活の運営をきちんと改善しなければいけない。

1年目のぴろの直談判《じかだんぱん》以降、基本的に私はゼネラルマネージャーや総監督といった立場に立っており、大きな方向性を示した上で、一つひとつの練習は、キャプテンを中心に、各学年のリーダーたちに任せて、生徒たちの動きや発言を見守っていた。

練習中にはあまり口出しせずに、練習の最後に、中高それぞれその日の練習の成果を確認するべく、私の前で通しの演技を披露するので、それに対してコメントする。また、その日の練習中に気になった点や、その時期その時期に必要な話を、チーム全体に指導し、かつ個々にアドバイスする。

そうしたスタンスによって、生徒たちのリーダーシップが育ち、考える力や行動力が培われてきた。

ただ、この当時のメルシー・ラパンの状況には、多少のテコ入れが必要であった。

「私がキャプテンでいいのでしょうか」

自信をなくして相談に来た幸乃《ゆきの》に、私は次の二つのことをアドバイスした。

一つ目は、練習中に何か判断しなければならない時、大きくは私が示す方向性に基づいて判断するということ。ただ、細かいこと、どちらになっても運営上大きな支障のないもの、例えば、鏡を右に移動すべきか左に移動すべきかといったようなことに関しては、どちらでもいいから自分ですぐに決断して指示を出すこと。その際、右と言ったことに対して、別の生徒から左のほうがいいんじゃないかという声が出ても、自分の判断を揺らさずに貫くこと。結果的に、実は左のほうがよかったとしても、大した差ではない。あとで反省して次に生かせばいい。

同様のことを、ほかのラパンのメンバーにも伝えた。どちらになっても大した差のない決定に関しては、幸乃《ゆきの》の指示が出たあとにわざわざひっくり返さないこと。それでキャプテンの顔をつぶして自分が優越感を抱いても、何もチームのためにはならない。後輩たちは不信感を抱くだけで、結局どの指示によって動けばいいのかわからなくなり、混乱するだけである。気になったことはあとで個人的に伝えて、お互い今後の学びとすればいい。

二つ目のアドバイスは、事前に練習の段取りを、ほかのラパンのメンバーとしっかり共有しておくこと。そこで意見の相違があってもその場で話し合っておけば、実際の練習中に違う二つの指示が出ることはなくなる。練習時間の前後にすでに意見交換や反省を済ませた上で、練習中は一つの指示で進めていくこと。

そして最後にもう一つ、「私がキャプテンでいいのでしょうか」と言う幸乃《ゆきの》に大事なことを話した。

「いいに決まっている。ほかの選択肢は全く考えていない。君は知らないと思うが、ぴろや杏《あん》奈《な》も最初は同じように悩んでいた。最初からうまく出来る人なんていやしない。私も、若い頃は失敗の連続であった。今でもそんなには変わっていない。少しだけ経験を積んだからうまくやれているように見えるだけだ。君は絶対にいいキャプテンになる。私は全く心配していないので、少々の失敗があってもいちいち気にせず、堂々とやるように」

幸乃《ゆきの》を励まそうとして言葉を考えたわけではない。実際私の中には確信があった。リーダー像というのは、決して一つだけではない。強いカリスマ性でぐいぐい引っ張るリーダー像もあれば、あまり前面に出るわけではないが、聞き上手で仲間の長所をうまく引き出すリーダー像もある。

前者の長所は、ほかのメンバーにとって進むべき方向性が見えやすく、とにかくついていけばいいという安心感が持てるが、マイナスに働くと、一人ひとりが何も考えずリーダー任せになったり、時に委縮して意見が言いづらい空気になったりもする。

後者は、リーダーシップに物足りなさを感じる場合もあるが、自分たちの考えがしっかり反映され、皆で一つのものをつくっているという参加者意識、当事者意識が生まれやすい面がある。

また、リーダーがどういうタイプかによって、サブリーダーにつける人材のタイプを変えればいい。要は、トータルでバランスが取れればいいのだ。どういう生徒がキャプテンを務めるかによって、私も生徒への接し方に多少の変化をつける。チーム全体でのバランスが大事だ。

いずれにしても、色々なリーダー像があっていいのだ。私は、前任のY女子高校時代に、様々な生徒がそれぞれのやり方でリーダーを務めた姿を数多く見てきた。それぞれによさがあり、本気で諦めずに努力を継続すれば、必ず結果は出る。

今まで見てきたリーダーたちと比較しても、幸乃《ゆきの》は十分に資質を持っていた。努力する姿勢、謙虚に学ぼうとする姿、人の長所を見られる目、技術的にも全く問題ない。少し経験と時間さえ与えれば、必ず歴史に残る名キャプテンになる。そして、この私の確信が正しかったことを、数カ月後、幸乃《ゆきの》自身が証明してくれる。

結果的に5月の体育祭は、素晴らしいものになった。生徒たちは、一つひとつの行事を通して成長を遂げていく。仕事能力の向上、つまり時間の使い方やマインドの持ち方、コミュニケーション能力やバランス感覚、優先順位のつけ方や周囲を見る目など、社会に出てから「仕事の出来る人間」へと成長する準備をしているのだ。

一兵卒として、ただ出された指示についていくだけで終わるのか、様々な役職にチャレンジし、リーダーシップを磨き、士官になっていくのか。幸福の科学学園では、士官を育てる教育が行われている。チアダンス部が、その先頭を走っていると自負している。

イベント出演

創部3年目を迎えたグリフィンズは、少しずつ地元の皆様にもその名を知られるようになり、徐々に地域のイベントへの出演依頼をいただけるようになってきた。

きっかけは、中学生が3月のUSA全国大会に出場したことである。大会直前の3月21日、那須町のT町長を表敬訪問させていただいたことが、新聞記事に載った。グリフィンズ、初の新聞掲載である。

載ったのは、栃木県では最大の発行部数を誇る「下野《しもつけ》新聞」。初の全国大会ということもあり、気合を入れて中学生14人全員で、町役場を訪問させていただいた。そこに私と校長も加わり、T町長を囲んで総勢17人の写真をカラーで載せていただいた。

スマートで、実際の年齢よりもとても若く見えるT町長は、とても穏やかに、優しい笑顔で我々を迎えてくれた。リーダーの杏奈《あんな》から、チームの紹介やUSA東京大会の結果を報告し、持参していたDVDで東京大会の演技を見ていただいた。那須町の職員の方々や、新聞記者の方も一緒に見てくださり、一体感のある演技に、皆、感心されていた。

新聞記事には、T町長からの「演技が揃っている。東京大会の実力を出せば優勝出来るのではないか。風邪をひかないように体調管理に気をつけて」というエールが載せられた。また、創設2年目に全国大会への切符を手に入れたことと、中学生リーダーの神野杏奈《じんのあんな》の「優勝し、那須の名を全国に広めてきます」というコメントが紹介された。

表敬訪問の最後にT町長から、「ぜひ、今後は地元のイベントなどに出演して、那須町を盛り上げてください」というお言葉をいただき、大変ありがたかった。

そして、8月5日、那須町の余笹川《よささがわ》ふれあい公園にて開催された、「第10回なすまち子どもフェスティバル」に参加させていただくこととなったのだ。川沿いの広い芝生の公園に、特設ステージと大型テントが張られ、様々な出店や体験コーナーが設置されていた。

我々が登場すると、たまたまその時間にステージ前を通りかかった皆さんが、物珍しさで見てみようかと足を止めてくれた。幸福の科学学園チアダンス部を見に来たという方は多くなかった。地元でチアダンスを見る機会というのはほとんどなく、初めて見る方が大半であったはずだ。

しかし、演技が始まるとその空気が一変した。司会者から「この春、創部2年目にして全国大会に初出場し、5位に入賞した幸福の科学学園チアダンス部です」という紹介があると、会場からざわめきが起こった。そして、生徒たちが踊り出すと、たまたま足を止めて見ていた方たちが、驚きの表情で演技にくぎづけになっていた。

踊り終えると、笑顔と、迫力がありつつも爽やかな演技に魅了された皆さんから、大きな拍手が起こった。踊る前とあととでは、明らかに我々を見る目が変わり、色々な方が「よかったよ！」と声をかけてくださった。

演技終了後、本部テントに全員で挨拶に行くと、那須町の教育長をはじめ、役場の職員の方たちがわざわざ出迎えてくれて、興奮気味にねぎらいの言葉をかけてくださった。

やはり、実際に部員たちの姿を見ていただくと、伝わるものがあるようだ。言葉で表現するのは難しいが、彼女たちから何か独特のオーラが発されていて、見る人を惹きつけ、魅了する。きっと、見る人を元気づけ、勇気づけたいという純粋な利他の思いが、一人ひとりを光らせているのだろう。

このイベントをきっかけに、もっともっと地域の皆さんとのコミュニケーションの場を増やしていきたいと、今まで以上に強く意識するようになった。また、大会で結果が出るたびに、地元の皆さんに知っていただけるようになった。この時感じたある思いが、1年後、つまり創部4年目の年に結実することになるのだが、その話は、またのちほど触れることにする。

高3不在の新チーム

8月25日、創部3年目のグリフィンズが、新チームで初の大会にのぞんだ。USAスクール・アンド・カレッジ・コンペティション――昨年の夏、中高共に初の入賞を果たし、私とのりコーチにバースデイ・トロフィーをプレゼントしてくれた大会である。今年から名称と形式が変わり、中高同日に開催されることになった。

昨年同様、予選はなく、ここで上位入賞を果たしても全国大会につながるというものではなく、主に関東圏のチームがチャレンジする。この大会を高3が引退する最後の大会と位置づけているチームもあれば、すでに引退している場合、新チームの登竜門として自分たちの実力を測るために参加するチームもある。そのため、この大会は、この時点におけるレベルに合わせて、グレード別にエントリーする。

中学生は初級グレードと中級グレードが設定されており、我々は中級グレードにエントリーした。高校生は、初級、中級、上級とあり、高い目標を掲げているグリフィンズとしては、上級グレードにエントリーしたい気持ちはあったが、ここはしっかりと新チームの現時点での実力を測るためにも、中級グレードへのエントリーを決めた。杏樹《あんじゅ》などメルシー・ラパンの一部のメンバーは上級に出場したい気持ちもあったようだが、中級であっても決して簡単な戦いではない。

会場は、神奈川県にある平塚総合体育館。中学生の出場は13時30分、高校生は18時15分であった。共に、新入生も含めた全員で出場する。中学生は、3年生8人、2年生6人、1年生9人の計23人、高校生は2年生6人、1年生5人の計11人での演技である。

創部3年目の夏を迎えた時点で、グリフィンズには中学生と高校生の間に多少勢いの差が生じていた。この大会でも、その差がはっきりと結果に表れることになる。

中学生は、3月に全国大会5位入賞を果たしたことが大きな自信となり、それを経験した2・3年生が、自信を持って1年生を引っ張っている。4月に新入生を勧誘する姿にも独特のオーラが出ていたのか、入学した30人の女子のうちの9人がチアダンス部で頑張っている。

一方高校生は、ファニー・ビーが引退したため上級生は2年生しかいない。その2年生も、まだ本当の意味で自分たちに自信が持てていない。そんななかで新入生を勧誘したが、入学した女子50人のうち、仮入部が終わる頃になっても選手として入部を希望したのは4人しかいなかった。

これに危機感を感じた仮入部の最終日に、「とにかく一人でも多く新入生を引っ張ってくる」という号令のもと、寮の各部屋を回り、ほかの部活動の練習場所まで回った。結果、いったんはほかの部活に入部したものの迷っていた2人をどうにか、体育館に引っ張ってくることが出来、その場で入部してもらった。実はその2人というのが、のちに3代目のキャプテンとなる「川端満月《かわばたみつき》」と副キャプテンになる「小宮留衣《こみやるい》」であった。中学時代、満月《みつき》は陸上部、留衣《るい》はテニス部であった。

この時、もしこの2人と出会っていなければと思うと、本当に入部してくれてよかったと胸をなでおろすが、その後、高1の部員6人のうち1人が退部し、この夏の大会に残ったのは5人であった。

中学生、勢いに乗って

そして、中高生の勢いの違いは、1年生の行動にも表れてきた。この年入部してきた中学1年生たちの姿には、本当に目を見張るものがあった。

この時期、中2・中3の生徒たちから、「中1に負けないようにしっかり自主練します」「中

1に追い抜かれないように頑張ります」というような声をよく聞くようになった。私は、高校生も含めた上級生に、そんなにまで中1に「自主練せよ」という指示を出しているのかと確認したが、誰も出していないという。

幸福の科学学園では、夕食後、お祈りの時間があり、その後20時から22時までが全員での学習時間となっている。それから消灯時間の23時まで、洗濯や入浴出来ていない者は入浴、そして明日の準備や就寝準備などをする。ところが、チアダンス部の中1は、その時間に皆で寮のラウンジに集まって、柔軟や筋トレ、テクニックの練習などの自主練を毎日やっているというのだ。

しかも、その姿というのが、実に楽しげに笑顔で取り組んでいるという。特に誰かから強制されてやっているわけではないため、自主練の様子にも「キラキラ感」が漂っているのだ。もちろん昨年までも自主練をやることはあったのだが、それとは雰囲気が一味違うようである。

さらに、彼女たちは学業成績もいい。学年トップの石田愛理《いしだあいり》を筆頭に、英語や数学の習熟度別クラスでは、ほとんどの生徒が上位クラスに入って頑張っている。

夜の女子寮にあまり出入りしたことがなかった私も、その様子を聞いて「君たちよく頑張っているみたいだね」と声をかけると、それに対する答えも素晴らしいものであった。

「ハイ！　先輩たちが文武両道で努力されていて、本当に尊敬しているので、私たちも早くあいう先輩方のようになって、全国や世界で活躍するために頑張っています！」

その受け答えには、全く悲壮感がなく、むしろ「当然やるべきことをやっているだけです」という感じで、こちらも次の言葉を失ってしまった。先輩と後輩がお互いにいい刺激を与え合っている。

彼女たちに共通しているのは、皆自分に厳しい姿勢を持っているということである。なぜ、そのように自分に厳しく出来るのか。ここは、一般の学校と違い、信仰を持っていることの強みだと言える。

単に自分のためだけであれば、そこまで自分に厳しくなれないものである。やはり大いなるもののために、「主《しゅ》の教えの正しさを証明するために」という目的が、ある意味での「使命感」となって、彼女たちをここまで突き動かしているのだ。

この年齢で、親元を離れて寮生活にのぞむというだけでも、何らかの使命感がなければ出来ないものだ。この学園に来た以上、必ず何かの成果を残したいという気持ちが強くある。そして、実際に先輩たちが全国で結果を出している。この短期間でここまで成長出来たのは、ことあるごとに、「主の教えの正しさを証明する」という目的を口に出し続けてきたからだろう。年々、学園生に強い使命感が根づいてきた証である。

少なくとも、実際に結果を出しつつある中学生たちには、自分たちも努力すれば全国や世界で活躍出来るという自信がついてきた。その自信がオーラとなって周囲を感化している。

高校生、新チームでミス連発

一方高校生は、中学生とは置かれている状況が少し違っていた。過去の2年間で、まだ全国大会への予選突破を果たすことが出来ていない。

ただそれは、高校のほうがより強豪校の数も多く、実際に結果を出すことの大変さがあるからでもある。また学習においても、一貫校でそのまま高校に進学出来る中学生と、大学入試が目の前に控えている高校生では、プレッシャーが違う。

いずれにせよ、現実にまだ予選を突破したことがない高校生は、全員が心から全国大会出場を信じられていたかというと、決してそうではなかったと言える。特に高1は、意識がそこまで達していない部員も多く、そのあたりは、普段の練習に取り組む姿勢にも表れていた。

理想は、一つひとつ全ての練習に全力を投入することである。そうすると、予想する未来像を超えた、新しい自分に出会うことが出来る。限界を突破し、まだ見ぬ境地に到達出来るのだが、意識が低いうちは「これ以上は出来ない」と自分で限界を決めてしまいがちである。

例えば、この時期の高校生は、一つの振りを反復練習していたが、全員で到達すべきレベルになかなか届かなかった。しばらく繰り返してもあまりレベルアップ出来ず、そのうち時間がなくなり、「ラスト1回！」と声がかかると急にうまく出来たりする。

それを最初からやっていれば、次の境地に到達出来るのだが、自分の限界を知らず知らずのうちに設定し、いたずらに練習時間を費やしてしまっているのだ。

そんな状況のなか、USAスクール・アンド・カレッジ大会当日を迎えた。

先に演技をするのは中学生である。チーム名が紹介されると23人がフロアに飛び出していく。昨年より人数も増えてさらにパワーアップしている。ここまで、新しくのりコーチがつくってくれた振りを選手たちはよく踊りこなしてきた。本番でも、演技に勢いがある。得意の「キラキラ感」も出ている。途中、フォーメーションが多少崩れた場面もあったが、最後まで自分たちらしく踊り切った。結果は、堂々の第1位であった。

そして、夕方、高校生が登場した。チーム名が紹介され、11人がフロアに出てくるが、チームの半分のメンバーが初めて大会に出場するということもあり、やはりどこかぎこちない。自信のなさが表情や体の動きにも出てしまっている。

ここは、経験のある高2のメルシー・ラパンが引っ張っていくしかない。会場に曲が流れた。センターの位置に杏樹《あんじゅ》、その両隣にキャプテンの幸乃《ゆきの》と副キャプテンの永遠《とわ》がいる。まずはこの3人によるダブルトータッチジャンプである。3人は精一杯の気合のジャンプを見せた。

トータッチとは、ジャンプしながら両足を左右に大きく開き、膝やつま先までピーンと伸ばしながら両手で足のつま先にタッチするという技である。トー（つま先）をタッチするからトータッチ。それを2回連続で跳ぶのがダブルトータッチである。

実は、身体能力の高い杏樹《あんじゅ》は、すでにトリプルトータッチの練習に取り組んでいた。常に気持ちを前面に出している杏樹《あんじゅ》は、大会でもトリプルを跳びたかったのだが、規定により中級グレードでは、ダブルまでしか跳んではいけないことになっていた。

今回は涙を呑んでトリプルを封印し、3人でダブルを極める道を選んだ。本番での気合は会場に十分伝わった。出だしは高2がよく引っ張り、まずまずのスタートを切った。

しかし、その後大きなミスが出てしまった。高1で唯一ダブルターンを回ることになっていた満月《みつき》が、うまく回れずに転倒してしまったのだ。さらに、ラインダンスでも1人腕を上げるタイミングを大きく間違えた選手がいた。足を上げる角度やタイミングも合っていない。

後半に入ると疲れが見え、フォーメーションの移動も決まらない。そこで、1人がポンポンを落としてしまった。高2の衣未利《えみり》である。どうにか最後まで踊り終えたが、ラストのポーズを決めたあとに、退場の隊形へ移動するタイミングを間違えた者もいた。

これだけ一度に大きなミスが重なる演技も珍しい。結果は15チーム中11位であった。新チームのデビュー戦、この結果を受け止めて、前に進んでいかなければならない。高校生として初の全国大会出場をかけたＪＣＤＡ関東予選まで、あと2カ月である。

仙台の地で

日本国内のチアダンスの3大大会であるＪＣＤＡ、ダンスドリル、ＵＳＡの全国大会に向けた予選が、この秋から順次開催される。まずは、11月10、11日の2日間、幕張メッセ・イベントホールにて開催されるＪＣＤＡ全日本チアダンス選手権に向けた予選に出場する。

過去2年間チャレンジしたが、中高共にまだこの大会の予選を突破出来ていない。今年こそは、何としても全国大会への出場を果たしたい。開校から3年目、初めて3学年が揃った中学生は、実力的にも、ここ最近の大会の実績を見ても、初の予選突破に大きく近づいている。

問題は日程であった。中学生の関東予選が実施される11月4日は、中3が学年全員で参加する、オーストラリアでの海外語学研修の真っ最中であった。幸福の科学学園では、国際社会でリーダーシップを発揮出来るグローバル人材の育成に力を入れており、希望者ではなく全員でホームステイに参加する。若いうちから世界に目を開き、異文化を肌で感じることで、多様性、自分と違う考え方を尊重出来るマインドを培い、寛容性と自立心を養う。中学3年の秋にオーストラリア、高校1年から高校2年に上がる春休みにアメリカ東海岸に向かう。

学園生として外すことの出来ない行事であり、本人たちも参加をのぞんでいる。そこで今回は、関東予選ではなく、日程の被らない東北予選にエントリーすることにした。既定では、予選に出場出来るのは1回のみであるが、地域に関しては限定されていなかった。

東北予選が行われるのは、仙台市の青葉体育館である。考えてみれば、学園がある那須町は福島県との県境であり、東京に向かうのと仙台に向かうのとでは、ほとんど距離的には変わらなかった。

東北予選は9月29日、高校生が出場する関東予選より1カ月早い。早めに仕上げなければならないが、自信はある。リーダーの杏奈《あんな》は、落ち着いてやるべきことをしっかりと進めていった。

大きな不安はなかったが、あえてプレッシャーがあるとすれば、全国大会への出場枠である。

チアダンスの世界では、レベルが高く出場チームが最も多いのが関東である。そのため、関東予選には各カテゴリー数十チームがエントリーするのが普通である。昨年のＪＣＤＡ関東予選では、7位までが全国大会に進出した。

東北予選においては、調べてみると出場チームは確かにそれほど多くないのだが、1位のチームだけが全国大会出場というケースが多い。

つまり、全国大会に出場するためには優勝が義務づけられるのだ。

そのために、今まで以上に自分たちの長所を伸ばして勝負することにした。シャープでパワフル、キレのある「キラキラ」の演技。

練習中から、全員でピッタリ止まって魅せたい箇所を確認し、そこを0・0何秒か長く止まることを意識した。曲を感じ、周りの仲間と呼吸を合わせて、わずか0・0何秒の「ため」をつくる感覚を養うために、決めた箇所を繰り返し反復する。

0・0何秒止まるためには、その分、手や足を動かすスピードを速くしなければならない。シャープなアームモーションは、日々の筋トレと反復の賜物であるが、それを全員が同じ呼吸で動かすためには、研ぎ澄まされた感覚が必要とされる。

体の動きのトレーニングは積んだ。あとは、フロア全体をうまく使ったフォーメーションである。いつも練習している体育館では、ある程度まで自信を持って踊ることが出来た。ただ、今回初めての会場である。目で見える景色に頼るのではなく、周囲との感覚をしっかり摑まなくてはならない。

悲願のJCDA全国大会

東北予選の行われる青葉体育館は初めての会場であったので、不安がないようこの夏休みに、私は下見を兼ねて仙台を訪れておいた。そのため、会場の雰囲気もだいたい摑んでいる。大会当日、私は、いつものように自分のホームグラウンドに来たような顔をして、堂々と選手たちの先頭を胸を張って歩いた。

選手たちも、自信に満ちた表情で、すれ違う他校の選手たちと元気よく大きな声で挨拶を交わしながら会場入りした。いつも通りである。あとは落ち着いて、練習でやってきたことを100%発揮すればいい。

演技開始は、13時40分。ウォーミングアップも終わり、いよいよ本番の演技である。アナウンスが入り、グリフィンズの選手たちが元気のいいアピールと共にフロアに登場する。人数も多く、存在感もある。

オープニングから一体感のあるシャープなアームモーションに、会場から歓声が上がる。ジャンプも高さがあり、タイミングもよく揃っている。人数が増えた分、全員がつま先までしっかり伸ばし切ることは出来なかったが、続くターンは悪くない。フロアをいっぱいに使って大きな隊形に広がっていく。フォーメーションが完全に左右対象とは言えなかったが、ダイナミックさはよく伝わってくる。

全体的に動きがクリーンで「ため」の部分もよくつくれている。ラインダンスも若干ターンアウトが出来ず内股になる部分もあったが、シャープでパワフルな印象である。後半になってもパワーが衰えずに、よく体が動き、呼吸も合っている。キレのいい「キラキラ」の演技が続き、ラストに向けてしっかりと盛り上げ、ポーズも決まった。完璧な演技とは言えないが、今出せる力を十分に発揮した演技であった。

結果は第1位。選手たちや会場に応援に駆けつけてくださった皆さんと共に、笑顔で喜びを分かち合うことが出来た。3年目にして、ついにJCDAの全国大会出場権を獲得した。

那須に帰るバスの中で、まずは役目を果たしてホッとした気持ちと、結果が出たことへの喜びと、次に向けてさらに気を引き締める決意と、様々な思いが皆の胸の中を駆け巡っていた。いずれにしても、一つの達成感と、新たな経験値と、さらなる自信を身につけたことは間違いない。

しかし、我々はここで立ち止まっていてはいけない。主の栄光を示すために、そして全国で支えてくださっている皆様のために、ここからが本当のスタートラインである。全国大会出場というだけで満足するのではなく、頂点に立つことを目指さなければいけない。

グリフィンズ中学生2度目の全国大会は、11月11日の幕張メッセ。あと1カ月と少しで、どこまで成長し、全国の舞台でどこまでやれるのか。

自信がなければオーラは出ない

一方高校生は、当初の予定通り関東予選に出場する。日にちは10月27日、場所は神奈川県の川崎体育館である。

8月の大会でミスを連発してしまったショックから、2カ月でどこまで立て直すことが出来るのかが問題だった。大変な道のりではあるが、やるべきことはわかっている。

まず、体力づくり。2分30秒の演技を最後まで全力で踊り切る体力をつくらなければならない。それには、走り込みや筋トレも大事であり、また、踊ることでつくられる体力や筋力も大きいため、通しの練習の回数をとにかく増やす必要がある。

そして、徹底した基礎練習。ストレッチや柔軟はもちろん、バレエの動きで体の軸や芯をしっかりとつくり、ステップの練習で足の運びや正しい姿勢を体に叩き込む。

さらに、テクニック。ダブルターンやトリプルトータッチなど、より難易度の高い技を、高い完成度で、少しでも多い人数の選手によって演じ切ることが出来るようにしたい。

そうした個々に鍛えるべきことに取り組んだ上で、全体の演技の統一感やフォーメーションの美しさ、フロアを広く使った移動や、繰り出す技のタイミングなどを合わせていく。

それらのことを前提として、全国大会に進出するためには、チーム全体がまるで一つの生き物のように一糸乱れぬ一体感があり、豊かで自然な表情や指先までの表現力に溢れていること。そして、曲と演技が完全にシンクロし調和された美しさに満ちているかどうかが大事である。彼女たちはこの間必死に練習に取り組み、着実に成長していた。すぐに完成はしないが、ここは努力、忍耐、継続が必要である。

ただ、私の目から見ていて、一つだけ決定的に彼女たちに足りないものがあった。それは「自信」である。

自信がなければ、演技から「オーラ」が出てこない。そうすると、見る者に伝わらず、結局審査員からも評価されない。

実は8月の大会も、足りないものは色々あったが、要は自信のなさからミスを連発して自滅したのだ。その後も、練習中にはそれなりにいい動きをしていても、私の前で披露する最後の通しにおいて、本来の力が発揮できないという状態が続いた。

どうにかして自信をつけさせてあげたい。

自信をつけるための方法は主に二つある。

一番は何と言っても結果を出すことであるが、2カ月間大会はない。

ならば、小さな成功体験を積み重ねることで少しずつ自信を得ていくという方法がある。幸い、9月に二つほどイベントへの出演があった。一つは学園の文化祭である大鷲祭《おおわしさい》、もう一つは、地元の幼稚園の運動会にゲスト出演する機会をいただいていた。

この二つのイベントで、目の前で見ていただいた皆さんから笑顔で「よかったよ」「感動した」「元気をもらいました」と言っていただき、自分たちの演技に少し自信を積み上げることが出来た。

そしてもう一つの自信をつける方法としては、厳しい練習を乗り越えてきたという経験である。どんなに辛くても自分に厳しく、ハードルを下げずに頑張り抜くことで、「あれだけ練習してきたんだから」という気持ちが持て、自信につながる。

しかし、これには当然リスクが伴う。練習が厳しくなっても自動的に皆がついてくるというような簡単なものではない。厳しくなればなるほど、それに耐えられない部員が出てくる。逆に言えば、誰もが簡単についてこられるような練習では、本当の意味での自信をつけ、栄光を勝ち取ることは出来ないのだ。

ここで大事なのは、どんなに厳しい練習にも耐えていこうと思える動機づけがあるかどうかである。その点、我々の目的ははっきりしていた。

「主の教えの正しさを証明すること」

それを自分たちの手でやらせていただけるというのは本当に貴重なことだ。

我々は日々の活動のなかで、現実に結果を出すことの難しさ、壁に直面することも多い。

ただ、学校やスポーツの世界というのは、実にフェアに評価してくれるものである。素晴らしい演技をすれば、それに見合う得点が実際に点数として出て、きちんと表彰していただける。それは、幸福の科学学園の存在や素晴らしさを知っていただくことになる。

「我々の前に道はなく、我々のあとに道は出来る」。自分たちが頑張ることは、必ずあとから来る者たちにとっての勇気につながる。今、それをやるための絶好の場が与えられているのだから、やらなければもったいない。そして、それをやり遂げれば、自分自身にとっても大きな自信となり、必ずこの先の人生で道を切り拓いていく原動力となるはずだ。

「このままじゃ全国なんて無理だ！」

厳しい練習が続いた。少しずつ意識が変わってきているのを感じる。ただそうは言っても、高2から高1まで全員が同じ意識で練習にのぞむというのは本当に難しいことだ。

この時期、部員たちの意識には、大別すると三つの考えが存在しているように見えた。

「次のＪＣＤＡで必ず全国大会に出場出来る」と本気で思っている部員は、メルシー・ラパン、つまり高2の中でも何人かであり、あとの高2は、「次の大会で必ず全国に行きたいと思って必死で練習しているが、本当に行けるとは信じ切れていない」という感じである。

そして、高1は、「いつか近い将来、必ず全国大会に行きたいと本気で思っているが、次の大会では難しい」という思いから抜け出せないでいた。

そんななか、高1の1人が、どうしてもついていけないということで、退部を申し出てきた。ある程度予想はしていたが、現実にその言葉を聞くととても辛い。どうにか最後まで一緒に頑張ろうと説得するが、本人の決意も固かった。

出来ることならば、彼女が一緒に頑張れるような活動にしてあげたい。しかし、ここでハードルを下げてしまうと、結果が出なくなってしまう。今のチームに一番必要なものは「自信」であり、それを持つ最大のチャンスが大会で結果を出すことなのだ。もし、次の大会でも結果が出なかった場合、その後の活動は本当に難しいものになっていく。

残念ながら、彼女は退部することになった。これで高1は4人。高2の6人の選手と合わせて10人で関東予選に出場する。それを支えるマネージャーが高2に1人、高1に2人。これ以上部員を減らしたくはない。

日々大会が近づいてくる。メルシー・ラパンの中には、焦りの色が見えはじめていた。高1への対応もますます厳しくなってくる。

では、その頃、私はどういう心境で見ていたのか。実は私は、「必ず全国大会に行ける」と信じていた。「信じたかった」という意味ではない。「本当に行ける」と思っていた。なぜそう思えたのか。それは、キャプテンの幸乃《ゆきの》が「本当に行ける」と本気で思っていたからだ。

ここまで来ると、自分を信じられるかどうかの戦いになってくる。

誰も自分を信じられない状態で、結果を出すのは難しい。しかし、核になるリーダーが本気で自分や仲間を信じていた場合、必ずどこかのタイミングで化学変化が起きてくる。私はそれを信じていた。

そしてそれは、ついに大会の2日前に起こった。起こしたのは、やはりキャプテンの幸乃《ゆきの》であった。

生徒たちは、限られた時間を有効に活用するために、昼休みも中庭に集まって練習していた。せっかくの時間を最大限生かしていきたい。ところが、高1からどうしても本気さが伝わってこない。全国大会出場を信じられていない以上、「今そこまでやらなくても」という思いが演技にも出てしまっているのだ。

その時ついに、幸乃《ゆきの》が今までこらえにこらえていた感情の導火線に火が点いた。これ以上高1が辞めたいと思わないように言葉を選び、何とかわかってもらうために工夫しながら我慢に我慢を重ねていた幸乃《ゆきの》の思いが、ついに爆発したのだ。

「なんでもっと本気でやらないの！　おかしいよ！　出来ないなら言わないけど、本当はみんなもっと出来るじゃん！　みんなもっと出来るのに、なんでやらないの！　出来るはずだよ、本気出してないじゃん！」

堰《せき》を切ったように、今まで心に溜まっていた思いが全て噴き出してきた。溢れる涙も気にせず、全身を使って言葉を発した。

「全国大会に行きたくないの？　このままじゃ無理だよ！　でも本気出せば行けるんだよ！　私は絶対にこのままで終わりたくない！　出来るよ！　みんな絶対に出来るんだから本気出そうよ！」

中庭を歩く生徒たちが立ち止まって見るのも構わず、幸乃《ゆきの》が魂から叫んだ。

「自分たちが主の教えの正しさを証明するんじゃないの！　みんなで約束したでしょ！」

幸乃《ゆきの》の魂の叫びが、高1たちの心の中に何かを伝え、何かを変えた。知らず知らずのうちに「どうせ無理だ」という思いに負けていた一人ひとりの心の奥に、この時確かに火が点いた。

満月《みつき》たち4人の高1の目から溢れた涙が一筋頬を伝った。先輩たちは、本気で行けると信じて戦っている。こんな自分たちでも出来ると信じてくれている。その思いが深く魂に響いた。

こうなったら、余計なことを考えずに、とにかく持てる力の全てを振り絞って、一瞬一瞬を全力で打ち込もう。肚《はら》をくくって、やれることを全てやるだけだ。その先にどんな結果が待っていようとも、そんなことは気にせず、今はとにかく全てを出し切ればいいのだ。もともと失うものは何もない。自分たちはチャレンジャーなのだ。

ついに全員の心が一つになった。

様変わりした高校生、参上！

10月27日、ついに大会当日を迎えた。創部2年目以降、部員数が増えてマイクロバスでの移動は困難になり、那須の地元のK観光バスを利用して移動するようになっていた。運転手はある時期から、毎回同じMさんが担当してくれるようになり、運転も人柄も素晴らしく、安心して会場との往復が出来るのは本当にありがたい。

また、前泊させていただく幸福の科学の宿泊型研修施設である東京正心館のスタッフの皆さんも、いつも我々を温かく迎えてくださり、心身共に深く癒されて大会にのぞむことができている。

グリフィンズには、大会当日、会場に向かうバスの中で行う恒例の儀式がある。大会前の最後のコーチ・デイの終わりに、のりコーチが勝利を祈念して、全員に「キットカット」を配ってくれる。その勝利のキットカットを、このバスの中で掛け声と共に全員で一緒に食べて、気合を入れるのだ。

川崎体育館が近づいてきた頃、幸乃《ゆきの》が皆に声をかけた。

「今日は、先月の中学生に続いて、私たち高校生が初の全国大会出場を決める記念すべき日になるから、みんなで心を一つにして、１００％全ての力を出し切ろう！」

「おー！」

「目指せ！」

「全国！！！！」

皆で一斉に赤い袋を開ける。バスの中にチョコレートの甘い香りが広がる。窓の外には会場となる体育館が見えてきた。いよいよこの時が来た。この日のために、この2カ月間やってきた。

この日の競技開始は午前10時。グリフィンズはエントリーナンバー50番。演技時間は13時1分である。ウォームアップエリアで行われる10分間の公式リハーサルを終え、いよいよスタンバイエリアに向かう。私はここで選手たちと別れていつものように音響席に向かう。そして、アナウンスが流れた。

「続いてのチームは、エントリーナンバー50番、幸福の科学学園高等学校チアダンス部ゴールデン・グリフィンズ！」

11人の高校生がフロアに登場する。オープニングの隊形をしっかりとつくり、ポーズを決める。姿勢がいい。2日前とは明らかに目つきが違う。幸乃《ゆきの》を筆頭に「絶対全国に行くんだ」という使命感が光っている。ここまでやれることをやってきたという自信のオーラも出ている。

曲に合わせて、後ろ向きで決めていたポーズから、順番に振り返っていく。つま先までしっかりと伸びて振り向いたあとの姿勢もよく、動きもクリーンで、いいスタートを切った。そして出だしの見せ場であるトータッチジャンプ。まずは全員でシングル、続いてセンターの杏樹《あんじゅ》、幸乃《ゆきの》、永遠《とわ》の3人がダブル、さらに杏樹《あんじゅ》がトリプルのジャンプを見せる。

高さもあり、タイミングもよく、上半身が起きていて姿勢もいい。迫力あるジャンプに会場からも歓声が上がった。

テンポのいい曲に合わせて気持ちも体も乗っていく。動きにもキレがあり、8月とは明らかに違う演技だ。一つひとつの動きがシャープによく止まっていて、無駄がなく統一感がある。ここまではいい流れである。

ここで、前半の見せ場の一つである全員でのダブルターン。8月は1年生のほとんどがシングルターンであり、唯一ダブルに挑戦した満月《みつき》は転倒した。今回、全員がダブルターンに挑戦出来たのはよかったが、しっかりと決め切れず、どうにか回り切ったというレベルだった。それでも夏よりはずっといい。

続く、ファンクのパート。ここから曲調が大人っぽく、スリリングになり、表情やダンスに思い切り変化をつけたい。フォーメーションは微妙にずれたが、踊りはパワフルでタイミングもよく、メリハリがついていて、悪くない。

そしてラインダンス。高さとタイミングはよく合っている。上半身の引き上げがさらにあるとなおよかったが、しっかりと見せ場はつくっている。その後、明るく楽しい曲調が続き、爽やかな表情で会場を魅了した。相変わらず動きもクリーンで一体感がある。

後半に入り、全員でのトータッチ。さすがにパワーが落ちてきたのか、高さが足りないジャンプになってしまった。ここからが踏ん張りどころだ。今まで苦しい練習に耐えてきた成果を発揮するのは今だ。私は「ここから！」と心の中で叫んだ。

そこからラストまでは、本当にきつかったと思うが、アームの動きは最後までクリーンであった。一つひとつの激しく素早い手の動きに、もたつき感や鈍さはなく、シャキッとしてキレがある。足元が少し乱れたが「絶対に全国大会に進出してみせる」という強い意志が全員の体を最後まで突き動かし、フロアを大きく使って精一杯踊り切った。

後半の精一杯のダンスは、彼女たちのここまでの努力を見てきただけに、私の心にとても響くものがあった。ラストのポーズが決まった時は、ホッと全身の力が抜けた。「ゴー・グリフィンズ！」の掛け声が胸に響いた。よく頑張った。本当によく頑張った。

踊り終えた選手たちをロビーで迎えた。皆、とにかく泣いていた。ここまでの思いが一気に溢れ出てきた。学年を超えて皆で一つの演技をやり遂げた、達成感と安堵感と一体感が溢れていた。

あとは、結果発表を待つばかりである。私もこの世界で幾度この結果発表の瞬間を味わってきたか数え切れないが、何度経験してもやはり独特の緊張感がある。

予選の場合、大掛かりなクロージングセレモニーはなく、選手はスタンドの選手席でアナウンスによる結果発表を聞く。選手たちは、隣のチームメイトとそれぞれ手を握り、目を閉じて下を向き発表に耳を傾ける。

「第3位、I高等学校ダンスドリル部！」

歓声が上がり、拍手が起きる。

「第2位、KN高等学校ダンス部！」

そして、第1位。

「H高等学校チアリーディング部！」

残念ながら、入賞チームには名前が呼ばれなかった。

そして、全国大会出場チームが発表される。3位以内に入らなくても上位であれば全国大会に出場出来る。ここでは絶対に名前を呼ばれたい。昨年は、関東から8チームが全国大会に出場している。我々は、初挑戦した一昨年が19位、昨年は12位と、確実に成長を遂げてきた。今年こそ、という強い思いで皆で頑張ってきた。道をつくってくれた3年生ファニー・ビーたちの分まで、全国で応援してくださっている皆様に恩返しをするために。

満員の会場が静まり返った。全国大会出場チームは、エントリーナンバー順に発表される。我々のナンバーは50番。運命の瞬間である。

「全国大会出場チームは、エントリーナンバー16番……20番……27番」

次々とチーム名がアナウンスされていく。

「エントリーナンバー47番、S高等学校ドリルチーム部」

この時点で呼ばれたのは6チーム。胸の鼓動が高鳴る。握り合う手と閉じた目に一段と力が入る。そして、ついにその時が来た。

「エントリーナンバー50番、幸福の科学学園高等学校チアダンス部ゴールデン・グリフィンズ！」

「やったー！」思わず立ち上がりガッツポーズをしている自分がいた。皆、悲鳴とも歓喜ともつかない声を張り上げ、立ち上がって抱き合って、叩き合って、泣き合った。

「やったぞ！　やった、やった、これで全国だ！」

落ち着くまでに少し時間がかかった。しばらくは興奮が収まらず、そのあとどうにか席には座ったが、多くの生徒たちはまだざわめきの中にあった。

この時、高2の衣末利《えみり》が私のほうを振り返って言った一言が、今でも忘れられない。

「先生！　本当に行けるんですか？　全国！」

第3章
創部3年目の「飛躍」

私は落ちついた顔を装ってすぐに答えた。

「行けるんだよ、全国に」

「本当に行けるんですか、信じられない！　本当に行けるんですね」

自分に言い聞かせるように、何度も何度も確認していた。笑いながら泣いている表情が印象的であった。「本っ当に行けるんですか」まだ言っている。

他の多くの部員たちも、絶対に全国に行ってやるという固い決意を持ってのぞんでいたのはもちろんだが、実際に結果を聞いてみると、まだ信じられないといった表情の生徒がほとんどであった。

そんななかで幸乃《ゆきの》たち数人のリーダーは、やり切った達成感と、まだまだ自分たちに足りないものをさらに克服するべく、全国大会に向けた決意に満ちた表情をしていた。

帰りの受付で渡されたジャッジ・シートを見てみると、我々の順位は9位であった。今回関東からは、10チームが全国大会に進出することになった。全国大会で上位に入賞するにはこの先まだ高いハードルが続くが、まずはその入り口に立つことが出来た。

これで中高揃って全国大会進出となった。那須に帰り、生徒たちや教職員の皆さんから多くの祝福とねぎらいの言葉をかけていただき、誇らしくもあり、ありがたかった。特に、ぴろたちファニー・ビーの4人が涙を流しながら我々を迎えてくれたのが印象的であった。自分たちが行けなかった全国大会への切符を手にした後輩たちを、自分のことのように心から喜んでいたのが、本当に嬉しかった。

予想外の成長

大会翌日の日曜日はオフであり、束の間の休日を各自楽しんだ。といっても概ね一日ゆっくり休んだといったところである。全国大会は11月10、11日の土日に行われる。それまで2週間しかない。月曜日からは、しっかり切り替えて全国大会への練習にのぞむ。

そして迎えた月曜日の練習。ここで私は、予想もしない光景を目にすることになった。この日の練習ほど、私を驚かせたものはない。

放課後、いつものように体育館に向かうと、チアダンス部の高校生たちが、先週までとは全く別人のように、苦手だったダブルターンをいとも簡単にクルックル回っているではないか。

しかも、高1の時は部活を辞めたいと思い悩み、高2になっても思うように力を発揮出来ず、全国大会進出が決まった時も信じられず何度も聞き返してきたあの衣未利《えみり》が、実に見事にダブルターンを決めている。その表情は自信に溢れ、まるで10年前から自分の得意技であったかのような顔をしている。

これにはさすがの私も驚いた。ほかの高校生たちも、表情には力が漲《みなぎ》り、身のこなしは堂々としている。一人ひとりから自信のオーラが溢れ出て、声にも活気があり、体育館中が明るく前向きなエネルギーに満ち満ちている。

先週までとは全く別のチームを見ているようであった。ほんの1日で技術が急成長するのは通常考えられない。違いがあるとすれば、「全国大会出場チーム」というお墨つきをチアダンス協会からいただいたことだけである。

やはり、自信を持つというのは、何事にも代えがたい重要な効果を持っていた。そして、その象徴がキャプテンの幸乃《ゆきの》であった。春先の不安がっていた姿は消えてなくなり、これぞキャプテンといった堂々たる仕切りで、物事を瞬時に判断し、的確な指示を飛ばしている。後輩たちもその自信に満ちた姿にしっかりとついていく。理想的なチームの姿がそこにはあった。

こうなると、中学生も負けてはいられない。お互いに相乗効果でますます練習が活気に満ちていく。

そして、11月10日、迎えたJCDA全日本チアダンス選手権。

10日には高校、大学、一般編成が実施され、11日にはジュニア、中学生編成が行われる。最初に出場するのは高校生チームである。

高校生にとって全国大会は初の大舞台であり、緊張していないと言ったら嘘になる。平常心を保つのが難しかったとは思うが、何とか落ち着いて、しっかり踊り切ることが出来た。関東予選の時と比べて後半までパワーが落ちることなく、表情にも少し余裕が出ていた。あとは、より難易度の高いテクニックを多くのメンバーで演じられるようになれば、さらに上位を目指せるチームになるだろう。

結果は第9位であった。創部3年目にして、全国のトップ10入りを果たした。一歩ずつであるが、確実にチームとして進化をし続けている。

そして、翌11日は中学生である。中学生はすでに、2011年3月のUSAナショナルズ全国大会で5位入賞を果たしている。この大会では、さらにその上を狙いたい。

3月の初の全国大会の際は、やはりそうとう緊張していたようだ。思い出すと、本番前の公式リハーサルの時、中2の智菜《ちな》が緊張のあまり左右のポンポンを逆に持っていることに気づかず踊っており、私に注意されてやっと気がついたということがあった。ほかにも本番、頭が真っ白になり、気がついたら終わっていたと言う選手が多かった。

しかし今回は、あれからさらに経験を積み、夏と秋の二つの大会で優勝して弾みをつけてのぞんでいる。

ポン部門中学生編成に全国の予選を勝ち抜いて出場したのは22チームであった。今回我々は東北予選に参加したため、関東予選の様子を見ることが出来ていない。ただ、全国大会は予選の得点順に出場するようになっており、あとに出場するほど予選の得点が高い。グリフィンズは、22チーム中18番目の出場、つまり予選の時点では上から5番目の得点ということになる。15時29分、いよいよグリフィンズの出番だ。表情には自信と余裕が見える。最初から最後まで、パワフルで一体感のある演技であった。

結果は第3位。予選の順位をさらに上回り、創部3年目にしてついに全国トップ3に名を連ねた。この頃になると、グリフィンズのチームの長所、特徴、カラーといったものがかなり見えてきていた。それは、一体感やパワーがあることであり、ジャッジ・シートからも、審査員の目にそれがよく伝わっているのがわかる。4人の審査員が4人とも同様のコメントをジャッジ・シートに書いてくれていた。

この日の結果は、地元の下野新聞にもカラー写真入りで紹介された。大会の概要やグリフィンズの成績の記述の後ろに、このような内容が掲載された。

「中心メンバーとしてチームを引っ張る3年の神野杏奈《じんのあんな》さんは『他チームのレベルの高さに驚いたが、自分たちの演技はきっと評価される』と自信を持って競技に挑んだという。顧問の桜沢正顕《さくらざわまさあき》教諭は『一体感というチアダンスの目指す形を体現できた』と演技を高く評価した。部員たちは『次は全国優勝、そして世界大会出場を目指したい』と話している」

そうなのだ。いよいよ全国優勝、世界大会出場を公の場で口に出来る位置に上ってきたのだ。

3年越しの夢

２０１３年11月23日、東京の有明コロシアムにて、関東ダンスドリル秋季大会が行われた。幸福の科学学園チアダンス部は中高揃ってこの大会に出場した。この秋季大会を勝ち抜けば、1月12日に開催される、ダンスドリル・ウィンターカップ全国大会への出場権を獲得することが出来る。

今年1年、安定した活躍を見せてきた中学生は、ソングリーダー部門で第1位を獲得しただけでなく、中学生全部門の頂点である団体総合優勝にも輝き、順調にウィンターカップ全国大会の出場権を獲得した。

そして、ここにきて自信をつけてきた高校生も、ソングリーダー部門で第3位入賞を果たし、ＪＣＤＡに続いて2大会連続で全国大会出場権を獲得することが出来た。今回は、全国大会出場を信じられない選手は一人もいなかった。堂々と入賞を果たし、ＪＣＤＡがたまたまではなかったことを証明してみせた。

いよいよ年明けのダンスドリル全国大会では、初の全国制覇、そしてその先の世界大会への出場がかかった戦いが行われる。この1年の成長と、与えていただいたご支援の数々に感謝の思いを抱きながら、部員たちはいったん各地の実家に帰省して、束の間の家族とのひと時を過ごした。

迎えた2013年1月12日。我々は、国立代々木競技場第二体育館、決戦の地に集結した。一つひとつ大会を経験するたびに、着実に結果を出し続け、自信を深めてきた。昨年の夏とは全く別のチームに成長したと言っていい。

それは振り付けにもはっきり表れている。

のりコーチは、実に我々の成長を見事に把握し、また引き出してくれている。大会を経るたびに、少しずつ技やフォーメーションの難易度を上げていき、生徒たちがうまくそれをこなしていけるように導いてきた。

常に今より少しハードルを上げつつ、出来ないと最初から諦めてしまうようなものは決して課さない。かと言って余裕でこなせるようなものでもなく、本気で取り組めばどうにか届くハードルを与え、しっかりと練習に打ち込ませてくれる。

まだ若いコーチであるが、実に見事な指導力を発揮している。私にとっては、とにかく指導に来てくれることだけでもありがたく、決して足を向けて寝られない存在である。我々が結果を出すのに比例して、徐々に彼女へのオファーも増えており、売れっ子コーチの一人に名を連ねてきているようである。

我々にとっても誇らしく喜ばしいことであるが、忙しくなってグリフィンズにかけられる時間とエネルギーが今より減ってしまうのは辛いことでもある。

しかし彼女は、常にコミュニケーションを取ることを大事にしてくれている。学園まで足を運んで実際にレッスンをしてもらうのは月に2、3回だが、それ以外の時間も、まめに部員たちとも連絡を取り、同じ気持ちで戦ってくれている。

今回の全国大会でも、今の自分たちに出来る最高の難易度の演技に挑戦させてくれている。もちろん、高校生は人数が増えればさらに演技のバリエーションも増えるだろう。まだまだ挑戦していない技も色々あり、これ以降も進化し続けるのは間違いない。コーチも、まだ我々のために見せていない引き出しはたくさんある。

いずれにせよ、大事なのは、今の自分たちに出来る最高のものに最大限挑戦し、常に昨日の自分を超えていく、自己ベストを出し続けるということだ。部員たちは、やり甲斐を持ってコーチの振り付けに取り組み、自分たちをさらに成長させてきた。いよいよ、全国の舞台で結果を出すために、その成果を発揮する時が来た。

先に登場するのは中学生、出場は11時24分。高校生は14時5分である。

中学生は、すでに今年、3月に初の全国大会であるUSAナショナルズで5位入賞、11月のJCDA全国大会で3位入賞を果たしている。今回、ダンスドリル・ウィンターカップでは、初の全国制覇しか考えていない。

しかし、私は前任のY女子高校時代、優勝候補と言われながら3年間あと一歩のところで優勝を逃し続け、全国制覇までの生みの苦しみというものを味わっている。今回、中学生が本当に優勝出来たとしたら、これは普通のチームではない。

さらに、もし本当に全国優勝を成し遂げれば、国内3大大会のうち、このダンスドリルだけは中学生でも世界大会の出場権を獲得することが出来る。

振り返れば、2010年4月、幸福の科学学園が開校し、創部したばかりのチアダンス部の第1回のミーティングで生徒たちに語った目標があった。

「今から3年後、今の高校1年生が卒業する前に、『世界一』になる」

そのためには全国優勝し、世界大会に出場しなければならないが、今まさにそれを現実のものとするチャンスが目の前に来ている。

実際に、創部3年目でそこまで辿り着いた部員たちは本当に大したものだ。ここまで来るのは、決して簡単な道のりではなかった。

志半ばで引退していった先輩たちや、途中で挫折していった仲間たち、支えてくれている多くの皆さんたちの思いを小さな背中に背負い、今この舞台に辿り着いた。

彼女たちは本当に強かった。この強さはいったいどこから来るのだろうか。やはり、日頃からの努力、忍耐、継続の積み重ねの賜物であり、感謝、報恩の思いが彼女たちを突き動かしているのだ。

自分たちが結果を出してみせることで、「主の教えの正しさを証明する」。小さい体に秘められたこの強い思いが結晶化し、揺るぎない自信のオーラを生み出している。

今とにかく私に出来ることは、彼女たちが準備してきた実力を100%発揮出来るようにしてあげることだ。「練習は本番のように、本番は練習のように」。普段通りの力をそのまま出し切りさえすれば、必ず世界に行ける。

大会の前日も、大会の当日も、とにかくいつも通り。普段の力をそのまま発揮して、結果が出てから、成し遂げたことの大きさに皆で酔いしれる日々を楽しめばいい。

私の経験から、大会当日は適度な緊張感があれば十分だ。何もしなくても、これだけの大舞台ともなれば、緊張する。だから、あえて緊張を増すようなプレッシャーはかけずに、むしろ普段通り落ち着いていこうと言うくらいがちょうどいい。

あとはリーダーを中心に、自分たちでしっかり気持ちを盛り上げ、適度な緊張状態と自信のオーラを発しながら演技フロアに飛び出していけばいい。

この日の演技は、ゴールデン・グリフィンズの未来に大きくつながる世界の舞台をかけた大一番であったが、中学生リーダーの杏奈《あんな》もその全てを理解し、実に見事に選手たちの思いをまとめ上げていた。

本番直前のフロアサイドでは、皆、適度な緊張と自信が入り混じった「やってやるぞ」という表情をしていた。その姿を見て、私もいつものように音響席に向かった。あの表情を見て、彼女たちならきっとやってくれるという確信が、この時私の胸に湧いてきた。

最初の登場からチーム全体に自信が感じられる。今回は、秋の予選よりもさらに成長が伝わる演技で、会場からも多くの拍手や歓声が上がった。

続いて、午後は高校生の出場である。高校生の急成長ぶりには、私も驚くものがあった。この日の演技も、確実に自己ベストを更新する出来栄えであった。

17時を迎え、いよいよクロージングセレモニーが始まった。カテゴリーごとに結果が発表され、名前を呼ばれた入賞チームの代表者が表彰台に上がり賞状とトロフィーを受け取る。

いよいよ中学生ソングリーダー部門ラージ編成の発表の時が来た。

「第3位、Y学院中学校チアリーダー部！」

創部当初、我々が憧れ、目標にしていたぴろの母校である。

「第2位、K学園中学校バトン部！」

関東予選同様、強豪のK学園であった。

いよいよ残るは優勝チームのみである。演技フロアに整列している選手たちを、スタンドの選手席から我々顧問とコーチは見守っている。

「第1位、幸福の科学学園中学校チアダンス部！」

ついに、その時は来た。創部3年目にして初の全国優勝を果たした瞬間である。

さらに、中学生団体総合優勝も果たすことが出来た。

やった。とうとうやった。これで、正式に世界大会出場権も獲得したのである。表彰台に上がった杏奈《あんな》が、大きなウィンターカップを手にすると、こちらに高々と掲げて見せてくれた。

さらに、団体総合優勝のチームには、大会当日、演技フロア後方に掲げてあった、縦横約2メートル四方の大きなチャンピオンフラッグが授与された。それは、「全国中学校ダンスドリル冬季大会チャンピオン」という文字が大きく描かれており、とても存在感のある大型フラッグである。これを持ち帰って学園生たちに披露出来るのは、本当に幸福である。

とにかく皆、喜びを爆発させていた。最高の笑顔だ。ただ、世界大会というものがいったいどういうものなのか、皆まだ実感が湧いていないといった様子であった。これからの3カ月で、応援していただいている各方面の皆様に報告し、たくさんの祝福とエールをいただき、様々な準備を進めていくうちに、事の重大さが徐々に実感出来ていくだろう。

高校生は、初の全国大会入賞はならなかった。が、順位は第5位であった。創部3年目、2

度目の全国大会出場で、ついに全国トップ5に食い込んだ。もちろん、高校グリフィンズとして過去最高の順位であり、今回も自己ベストを更新することが出来た。中学生と比べると出場チームも強豪チームも多いなかでのこの結果は、十分に胸を張って帰れる結果である。

こうして全国大会が終了したのは18時30分。その後、記念撮影や片付け、着替え等があり、バスで東京を発ったのは19時頃であった。那須の学園までは約3時間の道のり。帰り着くのは22時頃である。

いつも、私は帰りのバスの中で、学園に第一報の結果連絡を入れ、その後、全国の保護者の皆さんに結果報告とお礼のメールを送信する。初の全国優勝の知らせに、那須も大いに盛り上がってくれた。

その日の夜のうちに、朝日新聞デジタルにて、大会結果の速報が報道された。「ダンスドリル、中高生1000人が汗 ウィンターカップ」と題した記事のトップに、「中学総合1位の幸福の科学学園中チアダンス部、東京渋谷の代々木第二体育館」という文字と共に中学グリフィンズの演技中のカラー写真が掲載された。

さらに、下野新聞からの取材もあり、2月1日付の朝刊に「全国大会優勝、世界へ那須・幸福の科学中チアダンス部創部3年で栄光つかむ」というタイトルの記事が写真入りで掲載された。

続いて、2月25日には、那須町役場にて、那須町体育協会が主催する今年度の「那須町スポーツ賞」と、那須町が主催する「那須町文化芸術・スポーツ顕彰」の表彰を受けることになった。

関東大会レベル以上の個人や団体に贈られる「那須町スポーツ賞」は、幸福の科学学園チアダンス部の中学生・高校生が共に受賞。全国でもトップクラスの活躍が求められる「那須町文化芸術・スポーツ顕彰」の「スポーツ大賞」には、幸福の科学学園チアダンス部の中学生が選ばれ、那須町長から表彰を受けることが出来た。実に誇らしい経験であり、我々の活躍を地元の皆様も喜んでくださっていることが大変嬉しい。今後ますます活躍し、地域の発展のために貢献していきたいという気持ちが一段と強くなった。

こうした様々な活動を通して、ようやく、成し遂げた事の重大さが実感として感じられるようになってきた。

ダンスドリル世界大会は、現地時間の4月6日、アメリカのロサンゼルスで開催される。そしてその前に、もう一つ、国内の大きな大会が残っていた。それが、3月25、26日に幕張メッセで開催されるUSAナショナルズ全国大会である。ここであらためて全国の頂点に立った上で、世界にのぞみたいところだ。

勝って兜《かぶと》の緒《お》を締めよ

応援してくれた皆さんと喜びを分かち合うというのは、本当に幸せなことだ。もちろん、本人たちは、さらに次の大会へ向けて気を引き締め、いつまでも浮かれるつもりはない。

私は、「勝って兜《かぶと》の緒《お》を締めよ」という言葉を非常に大事にしている。勝利のあとの帰りのバスの中ではいつも、「次の大会に向けた戦いがすでに始まっている。悔しい思いをしたチームは、次こそはという強い気持ちで死にもの狂いで努力をしてくる。それを上回る努力をした者だけが栄冠を勝ち取ることが出来る」という主旨の話をする。

日露戦争でバルチック艦隊に大勝利したあとの日本の「連合艦隊解散の辞」の有名な最後の一節を引き合いに出して説明することもある。

「神は、日頃の鍛錬によくつとめ、戦わずしてすでに勝つ準備をしている者に勝利の栄冠を授けると同時に、一勝に満足して努力を怠る者からただちにこれを奪う。古人いわく、勝って兜の緒を締めよ、と」

この文章は、様々な形で各国語に翻訳されたが、アメリカのセオドア・ルーズヴェルト大統領は特にこれに感動し、長い全文を翻訳させて自国の陸海軍に配布したと言われる。

ただ一方で、せっかく喜んでくれている皆さんの前で、笑顔一つ見せずに「まだまだです」

という暗い顔をしているのがいいというわけではない。それは、応援・祝福してくれている皆さんに対して失礼である。むしろ祝福の機会は受けるべきだ。そこで笑顔で応えるのも勝利者の責任であり、仕事でもある。

私は、前任のY女子高校時代に、大会で優勝したあと、会場の外に集合してミーティングをする際、たとえ優勝しても内容がよくなかったら、めちゃくちゃに叱り飛ばして笑顔一つ許さないという指導をしていたこともあった。

しかしそれをやると、2位や3位に入ったことを祝福し合っているチームが近くにいた場合、「優勝チームが喜んでいないのに、自分たちが喜ぶのは恥ずかしい」という空気をつくってしまう。きちんと評価されたことに対して喜べないのは、努力していつか頂点を目指そうとする気持ちを削ぐ行為である。また、ほかのチームに対して申し訳なく、評価してくれた審査員の方にも失礼である。

昔の話だが、日本のお家芸と言われるオリンピック競技で、金メダルを逃し銀メダルを取った選手が終始笑顔一つ見せないということがあった。こうしたシーンは海外から、ほかのメダリストや、表彰台に立ちたくても立てなかった多くの人たちに対して、とても失礼で不遜であると見られた。また以前の社会主義国の選手のほとんどが、笑顔一つ見せなかったのを思い出す人も多いだろう。

特にチアという競技は、心からの自然な笑顔、純粋に見ている人たちを楽しませ、喜ばせたいという気持ちが大事である。日頃から、やらされている感を持ち、素直な感情表現を押さえ込まれる指導を受けると、それが演技にも出てしまい、見る者に感動が伝わらない。

そこで、今の私は、大会会場では皆さんと喜びを大いに分かち合い、その後、帰りのバスの中などで自分たちだけになった時に、しっかりと引き締めるようにしている。

那須に帰った我々は、すでに次の大会に向けて動き出していた。常に進化し続けるチームとして、より難易度の高い技に、一人でも多く挑戦していく。

次の大会では、スコーピオンを行う人数を増やすことになった。スコーピオンとは、いわゆるフィギュアスケートでよく見るビールマン・スピンの姿勢のことだ。上体をさそりのように反らしながら頭の上に高く伸ばした片足のつま先を頭上高い位置で両手で摑む技である。

この技を綺麗《きれい》に見せるためには、やはり体の柔軟性が欠かせない。それは日々の継続的な柔軟体操への取り組みにかかっており、続けていれば必ず出来るようになるが、柔軟性が身につくまでの期間には、どうしても個人差が出る。

また、スコーピオンを決める場合、頭の上で反り上げた足のつま先を摑むタイミングが鍵である。両手でピタッと摑めればいいのだが、一瞬先に右手か左手かどちらかの手で摑み、あとからもう一方の手を重ねることが多い。一般的には、右足を反り上げた場合は右手、左足なら左手からいくと摑みやすい。スコーピオンは、一瞬の感覚の勝負で成功率が分かれるのだ。

グリフィンズのエースとして大会でも様々な技にチャレンジしてきた中3の智菜《ちな》に続いて、柔軟性を生かしてスコーピオンが得意技となった中2の朱理《あかり》は、左足を上げるため、左手でつま先を摑んでいた。ただ、この頃なぜかスランプに陥り、練習中の成功率がみるみる落ちてしまった。すると急に腰も痛くなり、怖くてスコーピオンが出来なくなった。

様子を見て、痛みがなくなってきたら練習してみるが、たまにしかやらないので成功率はますます落ちていく。悪循環にはまっていった。

しばらく悩んでいた朱理《あかり》だったが、ある時、ふとしたきっかけからスランプを脱出することになる。それが智菜《ちな》の存在であった。上手な先輩から何かを摑もうと観察していると、智菜《ちな》はどちらの足であっても右手でつま先を摑んでいることに気づいた。

発想の転換をして、今までの自分に縛られず違ったことをやってみようと思い立った。そこで、右手でつま先を摑みにいってみた。すると、見事なタイミングで成功した。腰も全く痛まなかった。ほんのちょっとした感覚の違いなのだが、これで「いける」と感じた朱理《あかり》はスコーピオンの成功率が回復し、再び自信を持ってこの技にのぞめるようになった。

こうしたドラマは、一人ひとりに必ず起こっていることである。一つの技が成功するかしないかは、日々の鍛錬の結果に尽きるのだが、そこにほんの紙一重の感覚の違いで得意・不得意を分ける何かが存在していたりする。それを摑めるかどうかは、圧倒的な練習量の先にある探究心や柔軟な発想から来るインスピレーションを感じ取れるかどうかにかかっているのだ。

世界大会のための舞台裏

USAナショナルズ全国大会の予選には、昨年、一昨年も挑戦している。すでに前にも紹介したように、この予選は順位ではなく、基準の得点をクリアすることで全国大会への出場が決まる。

中学生は80点、高校生は85点である。そして、1回で予選突破できなかった場合は、2回まで挑戦出来ることになっている。全国で予選が開催されるが、関東圏では、東京、埼玉、神奈川、千葉の四つの会場でそれぞれ別の日に予選が行われており、日程を見ながら、2回までならいずれの予選にエントリーすることも出来る。

1年目のグリフィンズは、人数が少なかったため中高合同で高校の部に挑戦し、1度目が80・67点、2度目のチャレンジが81・67点で、予選突破は出来なかった。

2年目は中高別々にエントリーし、中学生が83・67点で初めて予選を突破し、全国では5

位に入賞した。

高校生は1度目が82・33点で涙を呑み、2度目の挑戦で83・33点まで上げたが、やはり予選突破は出来ずに、ぴろたちファニー・ビーが引退した。

こうして見ると、確実に一歩ずつ前進してきている。

そして今年、中学生はJCDAで全国3位、ダンスドリルで全国優勝を果たした。もちろん今回のUSAでも目指すは全国優勝のみであり、国内大会を完全に制覇した上で世界に挑戦したい。

高校生も、今年はJCDAで初めて全国大会に出場して9位、ダンスドリルでも全国で5位に入った。USAでも必ず予選を突破し、国内3大大会全てで全国大会出場を果たしたい。先輩たちが果たせなかった夢を必ず実現して、卒業する4人に報告したい。

そのために私はもう一つ、大事なことにのぞんでいた。それは、世界大会に向けた渡航費用をどのように集めるかという取り組みである。

アメリカ遠征は一人につき約30万円の費用がかかる。出発までは3カ月を切っており、この段階から保護者の皆さんに全額負担をお願いするのはあまりにも申し訳ない。もちろん、保護者の皆さんに「どうしてもお願いします」と頼めば、それはチームのためにどうにか費用を捻出していただけることもあるだろう。

しかし、今年だけでなく来年以降も、高校生も含めて世界の舞台での活躍を目指しているのがグリフィンズである。遠征費の負担が理由で、年々部員数が減ったり世界大会出場を諦めたりするのは辛いことである。そこで、一定の金額を自己負担していただくほかに、チアダンス部保護者会の皆さんと協力して、全国の皆様から寄付を募る呼びかけをすることを決断した。

この時の、保護者の皆さんの精力的、献身的な活動には本当に頭が下がった。さらに、この日以降、全国の皆様からご寄付が連日寄せられたことには、ありがたくて涙が止まらなかった。

ここからのグリフィンズの快進撃を支えたものは、全国で支援してくださった皆様の愛の思いであったのだ。部員たちは、必ず結果で恩返ししたいという気持ちが強くなり、どんなに辛い練習でも乗り越えていける原動力となった。練習中に、少しでも集中出来ていない部員がいると、「そんなことでどうすんの！　全国の皆様は、本当に私たちのことを期待してくれているんだよ！」とほかの部員が涙を流しながら活を入れている場面を何度も見るようになった。まさに、努力、忍耐、継続、感謝、報恩である。皆様の愛によって育まれ、成長したグリフィンズ。そんな彼女たちに、この時思いがけない最大の「イイシラセ」が訪れた。

1月31日、幸福の科学学園創立者である大川隆法《おおかわりゅうほう》総裁から、チアダンス部の世界大会渡航費用の一部に当てるための多額のご寄付をいただくことになったのだ。この知らせをさっそく部員たちに伝えると、皆、感激の涙が思わず流れていた。

「主の教えの正しさを証明する」ために、日々辛い練習にも耐えて頑張ってきた彼女たちである。その主が、私たちの活動を知り、応援してくださっていたのだ。これ以上ありがたいことはない。彼女たちが、これ以降の練習に一段と奮い立ったことは言うまでもない。

USA東京予選

迎えた2月3日、USA東京予選。会場の駒沢オリンピック公園体育館には、この1年で大きく成長し、自信に満ちたグリフィンズの姿があった。昨年までのように、予選を突破出来るかどうかといった不安はない。あるのは、今の自分たちが出来る最高の演技を、会場に集まっていただいた皆様に届け、主と、全国で我々を応援してくださっている皆様に、最高の結果を報告する、それだけである。

中学生の出場は12時13分、高校生は13時32分である。

すでにダンスドリルの世界大会出場を決めている中学生にとって、80点という予選通過ラインへのプレッシャーはあまりなかった。それよりも、チャンピオンチームに相応《ふさわ》しい演技をやり切るという思いである。出場直前のフロアサイドにおいても、今までにない気合と自信の表情が張っていた。

フロアに登場した瞬間から、自信のオーラが伝わってくる。音楽が流れる前に隊形を整える動きもスムーズで、全員が手を上げ下げするタイミングまでよく合っている。これはいけるという雰囲気が漂っていた。

満員の会場に曲が流れた。オープニングからアームモーションもシャープで力強く、一つひとつの動きがしっかり止まっていて、メリハリがよく見える。体を大きく使って踊れており、さらにフォーメーションでも人数の多さを生かしてフロア全体を大きく使っている。

テンポのいい曲にしっかりと乗った演技で、会場からも自然と手拍子が起きている。見ていて楽しい演技だ。踊っている選手たちも自分たちの演技を存分に楽しめているはずである。会場のボルテージも一層上がっていく。

一つひとつの見せ場をしっかりと見せられているので、チームとしての一体感が会場との一体感にもつながっている。ファンクの動きもタイミングが揃っていて、全員が一つの生き物のように動いている。

そしてラインダンス。22人がフロア一杯に横一列に並び、ピッタリと揃った足の上がりを見せる姿は迫力である。その後はフォーメーションの移動があり、トータッチ、ジュッテ、スコーピオンと様々な技を繰り出す見せ場が続く。より難易度の高い技になると、まだ完全な完成度とは言えないが、今出来る精一杯の演技を見せている。

そして後半に持ってきた全員でのダブルターン。前半のように全員で一つの生き物とはいかなかったが、何とか皆がしっかり回り切った。その後のいくつかのジャンプも、終盤であっても高さが落ちずに、パワーが伝わってくる。

ここからラストの位置に移動しつつ、最後に9人によるスコーピオン。全員のタイミングが揃い、最後の見せ場として会場から歓声が上がった。

ラストのポーズの余韻も前面によく伝わった。紅白などで歌い終えた演歌歌手が、表情と手の動きで余韻を会場に残して去っていくような、あの感じである。

いい演技だった。会場の拍手がそれをよく物語っている。今までのグリフィンズが明らかに一枚脱皮し、新たなステージに突入したのを感じた。チャンピオンチームとして世界へ挑むという自覚と、支え育てていただいている皆様の愛への感謝・報恩の思いが、彼女たちをさらに一段大きくしてくれた。

この中学生の演技を目の当たりにした高校生も、奮い立たずにはいられなかった。次は自分たちの番だ。過去2年間突破することの出来なかった85点の壁を、必ず今回破ってみせる。

大きな歓声のなか、10人が演技フロアに飛び出してくる。人数があまり多くない分、一人ひとりが体を大きく見せて、姿勢よく堂々と登場してきたのがうかがえる。演技が始まってもしっかり体を大きく見せている。最初のトータッチ。いつものようにまず全員でシングル、幸《ゆき》乃《の》、永遠《とわ》、杏樹《あんじゅ》の3人がダブル、そしてセンターの杏樹《あんじゅ》がトリプルのジャンプを見せ、会場から歓声が上がる。

アームモーションも力強く、一つひとつのメリハリもはっきりしている。ただ、人数が少ないわりには、フォーメーションの左右対称がうまく取れていないのが気になるが、一人ひとりの動きはいい。自信を持って踊っているのが伝わってくる。

力強さは十分である。ラインダンスもシャープに足が上がり、タイミングもよく合っている。

後半、緩急や動きのメリハリといったあたりがやや単調に見えた面もあった。しかし、さすがに2度の全国大会を経験してきただけあって、最後までしっかりと踊り切る姿を安心して見ていることが出来た。


今回の東京予選は、出場チームが多かったため2部制で実施され、第1部と第2部で出場チームが完全に入れ替え制となっていた。我々のカテゴリーは第1部であり、14時30分から表彰式があり、入賞チームとUSAナショナルズ全国大会への出場チームの発表が行われる。

結果は、中学生は堂々の第1位。高校生も第3位で入賞を果たすことが出来た。今のグリフィンズの実力と今日の演技を見れば、納得の順位である。ただこの大会は、順位ではなく、得点によって全国大会への進出が決まる。

80点が通過ラインの中学生は、進出はほぼ間違いないだろう。あとは、過去2年間85点の壁が立ちはだかった高校生である。

中学生の得点は、88・67点という高得点で全国大会出場を決めた。2位と2・67点の差をつけ、昨年の自分たちと比べて5点もアップしている。この1年間の成長を振り返ると感慨深いものがある。

そして高校生は、見事86・0点。この大会で初めて、しかも一発で全国大会出場権を獲得した。努力が報われた。2年間辿り着けなかったぴろたちファニー・ビーの悔しい思いを、後輩たちが立派に晴らしてくれた。毎回着実に、昨日の自分を乗り越えていく。常に自己ベストを更新する。その積み重ねが今こうした結果に結びついたのだ。

これで高校生も、今年の国内3大大会全てで全国大会出場を果たすことになった。次に目指すは、初の全国大会での入賞である。

第1回卒業式

2月28日、幸福の科学学園高等学校第1回卒業式が行われた。私は最後のホームルームを終え、クラスの生徒たちと涙の別れをしたあと、中高全学年のグリフィンズのメンバーたちが、卒業したファニー・ビーのメンバーに別れの言葉を贈るために集合しているカフェテリアに向かった。

しかし、ここにはぴろの姿はなかった。ぴろは将来海外で活躍することを志しており、その第一歩として、ハワイの大学へ進学が決まっていた。すでに1月からハワイでの準備を始めていたため、卒業式には出席できなかった。

もちろん彼女のために、学園を離れる当日、壮行会や仮の卒業式が行われていた。一足先に夢に向かって歩み出す仲間を、皆で送ることが出来た。

そのため卒業式当日は、ファニー・ビーの3人と別れの時間を過ごすこととなった。グリフィンズの創立メンバーとして、共に泣き、共に笑い、共に壁を乗り越え、道をつくってきた卒業生の門出を、全員で祝った。

先輩から後輩へ、後輩から先輩へ、心の込もったプレゼントが渡された。そして、最後の記念に、ファニー・ビーが私のためにアルバムをつくってくれていた。今でもたまに、私はこのアルバムを見て、元気づけられている。実に36ページにもなる手づくりのアルバムで、1年目からの思い出の写真が数多く飾られ、それぞれにメッセージやデコレーションがつけられていて、本当に懐かしい。

彼女たちの存在があって、今のグリフィンズがある。彼女たちの思いを受け継ぎ、これからもグリフィンズは進化し続けていく。

USAナショナルズ全国大会

USAナショナルズ全国大会は、3月25、26日の2日間にわたり、千葉の幕張メッセで開催される。中学生の出場は26日である。より出場チームの多い高校生は、25日がセミ・ファイナル、26日がファイナルとなり、25日の演技で上位に入ったチームが、翌日のファイナルに進出出来る。

3月25日、この舞台に立つことを夢見て全国の予選を勝ち抜き、集まった誇り高きチアリーダーたち。会場の幕張メッセは超満員に膨れ上がり、熱気に満ち溢れていた。

オープニングセレモニーから光と大音響の演出があり、華やかなインストラクターによる熱いダンスが会場を盛り上げ、すでにボルテージは最高潮に達している。最高のステージで、選び抜かれたチームたちが最高の演技で競い合う。舞台は整った。

実はメルシー・ラパンの一部は受験に専念するため、この大会後に引退することを決めていた。つまりこのメンバーで踊ることが出来るのはこれで最後。毎年のことではあるが、何とも寂しい思いである。

思えば高2のメルシー・ラパンの果たしてくれた役割は大きいものであった。引退したファニー・ビーが最初の2年で果たせなかった全国大会出場を叶えてくれた。しかも三つある主要大会全てである。ほぼ全員が高校に入って初めてチアを始めたとは思えないほどの成長と成果であった。

大会当日の演技は、見る人の心に熱い思いが伝わった。登場した瞬間の彼女たちのオーラを見ただけでわかった。今年三つの全国大会に出場し、強豪校の一角に食い込んできたプライドと自信を全身から漲らせ、堂々たる姿勢と最高の笑顔で会場を魅了していた。

実はこの日の演技は、学園の海外語学研修と重なっており、高1たちは出場できなかった。そのためこれまで10人で踊っていたところを、6人で踊ることになった。確かに大人数の時ほどのダイナミックさを表現したり、大掛かりなフォーメーションチェンジを魅せることはできない。しかし彼女たち6人は、一人ひとりが少しでも手足を長く、体を大きく見せようとし、フロア全体を使って伸びやかに踊っていた。その迫真の演技に、見ている私もつい目頭が熱くなり、彼女たちの姿を必死に目に焼きつけていた。

結果は20チーム中、13位。翌日のファイナル進出チームに選ばれることはできなかったが、最高の引退試合であった。何度も言うが、最初に一歩を印すというのは本当に大変なことであるのだ。彼女たちは見事グリフィンズの歴史に三つの全国大会出場という文字を刻んでくれた。それは純粋な信仰心と使命感の表れであったのは言うまでもない。

エースの重圧

翌日は、いよいよ初の全国優勝をかけて、中学生が出場する。2月の東京予選から、さらに進化した姿を見せていきたい。そのために加わった要素が二つ。本来後半の疲れが出るあたりにはもっていきづらいトータッチジャンプを、ラストにリーダーの杏奈《あんな》が跳ぶ。もう一つは、同じく後半のダブルターンを、センターの智菜《ちな》だけトリプルターン、つまり3回転回ることにする。

この頃、中学生では、「ジャンプの杏奈《あんな》」「ターンの智菜《ちな》」というような位置づけになってきていた。杏奈《あんな》のジャンプは、高さ・上半身の姿勢・足の伸びの三拍子が揃ってきており、練習中の成功率も高く、本番に向けて心配のないレベルにあった。

問題は、智菜《ちな》のトリプルターンである。グリフィンズの中でもひときわ軸が安定している智《ち》菜《な》は、ターンやスコーピオンでは常にセンターを任され、チームのエースとしてすでに以前からトリプルターンも回っていた。

ちょうど1年前のUSAナショナルズ全国大会において、グリフィンズ初のトリプルターンに中学生3人がチャレンジしたが、1人は軸が大きくぶれ、もう1人は軸は安定していたが、体の上下動が気になった。しっかり回り切ったのは智菜《ちな》だけであった。

今年も東京予選のあと、全国大会に向けて智菜《ちな》にトリプルターンが課された。はじめの頃は、問題なく安定した3回転ターンをうまく決めていた。

ところが、全国大会や世界大会が近づくにつれて、決めなければというプレッシャーからか、何も考えずに回っていた時は出来ていたトリプルターンの成功率が落ちてきてしまった。

常に軸が安定していたあの智菜《ちな》が、ターンでスランプに陥るのは意外であったが、エースの重圧とはそういうものなのかもしれない。これを乗り越えた者だけが、将来、真のリーダーとして活躍することが出来る。

成功イメージを取り戻すために、出来ていた時の練習中のビデオを見直したり、本番での不安をなくすために、1年前の全国大会で見事に決めた映像を見直した。

様々な人が色々とアドバイスをするが、考えすぎるとますます回れなくなる。とにかくひたすら回数を増やして感覚を取り戻そうと、必死に回り続けた。それでもなかなか成功率が戻らない。苦悩の日々が続いた。

いよいよ本番が数日後に迫ってきたある時、転機が訪れた。大会直前に行う校内発表や、本番前最後のコーチ・デイの際には、当日を意識してユニフォームに着替え、本番用のポンポンを持って踊る。

ポンポンというのも消耗品であり、練習で使い続けていると、花びらが落ちていくように、だんだん1枚2枚と剥がれ落ち、小さく軽くなってしまう。だから、練習用とは別に、大会の時だけ使用するポンポンを用意してある。

大会数日前、その本番用のポンポンを持って踊った時のことだ。その時、智菜《ちな》のターンの感覚が戻った。練習で使っていたポンポンよりわずかに重いポンポンのおかげで、その重さを生かして腕の遠心力を使い、しっかりと回ることが出来たのだ。

重さにしてほんの数グラムといったわずかな感覚の違いである。しかし、その「わずか」が大きく成否を分けるのだ。これで智菜《ちな》のターンが蘇った。一度感覚を取り戻すと、どのポンポンであろうが成功出来てしまう。間に合った。自信を取り戻したエースの表情が、周囲にも安心感と勇気を与えた。

アルティメット・クラッシュ

そして迎えた3月26日、1年ぶりに、ゴールデン・グリフィンズの中学生がこの舞台に帰ってきた。思い起こせば、1年前はグリフィンズとして初の全国大会出場であり、何もわからないまま、緊張して頭が真っ白になった状態でとにかく踊り、結果は5位入賞。

あれから1年、このメンバーは、数多くの大舞台を経験してきた。3大会連続で全国大会出場を成し遂げており、その全てで入賞を果たし、前回はついに全国優勝も達成した。全国5位、3位、1位と確実に階段を登りつめ、そして世界大会の切符まで手にすることが出来た。

4度目の全国大会である今回、日本を代表するチームとしての自覚と誇りと自信を持ってこの大会にのぞむ。1年前とは明らかに心境と経験値が違う。そして、「主の教えの正しさを証明し、全国で応援してくれている皆様への報恩を果たす」ためには、優勝を手にするだけではまだ足りない。目指すのは、「アルティメット・クラッシュ」である。

アルティメット・クラッシュという言葉は、2001年から2006年まで早稲田大学ラグビー部を率いて黄金時代を築いたK監督がスローガンに掲げていた言葉である。

意味は「究極の破壊」「徹底的に叩きのめす」。チアにはあまり似合わない言葉に聞こえるが、要は、「相手に反撃の意志も与えないほど、一瞬の隙も見せずに勝ち切る」ということだ。

ラグビーでは、力の差がある相手同士が対戦する時、100対0という試合がありえる。普通に考えれば、これだけ力の差があれば勝敗はすでについているため、少々気を抜いたり、相手に遠慮したりして、後半力を抜いて50対10で勝つことも出来る。

しかし、そういうことをするのは、かえって相手に失礼である。また手を抜く癖がつくと、強い相手に当たった時につけ入る隙を与えることになる。だからアルティメット・クラッシュが大事であり、それをスローガンに掲げた早稲田大学が黄金時代を築くことが出来たのだ。

この先グリフィンズが本当の強豪チーム、常勝チームにのし上がっていくためには、この考え方がぜひとも必要であると考えた。これをチアに置き換えて、「演技に甘さや隙をなくし、決して妥協をせず、ほかのチームに圧倒的な差をつけて勝ち切る」という意味で、部員たちに紹介するようになった。

生徒たちもこの言葉の主旨をよく理解し、自分たちでも、「次の大会では必ず『アルティメット・クラッシュ』しよう！」などと声をかけ合うようになっていた。

22人が演技フロアに飛び出してきた。その瞬間から、明らかに一味違った自信のオーラが放たれていた。超満員に溢れかえる巨大な会場も、完全に自分たちのステージに変えてしまっている。

長年この世界で多くの演技を見てきた私も、さすがに「これは！」という感覚を一瞬にして感じた。

何という笑顔だろう。登場しただけで、会場中が彼女たちの魅力的な表情に引き込まれていく。その期待の大きさに比例するように、歓声も一段と高まる。

動きが止まり、準備が整った。私は息を呑みながら、音響係に合図を送り、大音響がスタートした。

完全に全員が一つの塊となって、一糸乱れぬ纏《まと》まりを持って動き出す。大きなアームモーションが見事にシンクロしている。表情は堂々と自信に満ち溢れ、「私たちを見て！」と言わんばかりにアピールしている。

テンポがあるノリのいい音楽に、ダンスがピッタリと重なり、会場からの大きな手拍子も実に楽しげである。選手と会場に一体感が生まれる。ここで最初の見せ場のトータッチにひときわ大きな歓声が上がる。

さらにフォーメーションがフロア全体に大きく広がり、いくつかのジャンプを繰り出し、全員でのダブルターンもしっかり決めてきた。

その後も一つひとつの動きが実にシャープであり、止まるところもしっかりと止めている。踊っているほうも見ているほうも楽しい。これぞ、チアという演技である。

音楽の盛り上がりも最高潮に達したところで、22人のラインダンス。フロア一杯に横一列に広がった迫力あるラインダンスは圧巻である。

今までのグリフィンズの特徴は、「中学生らしくキラキラした爽やかな演技」といった感じであったが、今日の演技は「中学生とは思えない」といった印象が随所に漂っている。客席の観衆からも、ため息にも似た歓声が上がった。22人の選手たちに完全に魅了されている。

後半に入っても全くパワーが衰えず、さらにエナジー溢れる演技がたたみかけてくる。フォーメーションチェンジやパワフルな杏奈《あんな》のトータッチを見せたあとに、ダブルターンに続いてセンターの智菜《ちな》のトリプルターンが完璧に決まった。

彼女たちの演技を見ている私は、思わず会場の皆さんに向かって「私が監督です!」と手を上げて宣言したくなるほどの誇らしさを感じていた。このままこの時間が終わらないでほしいと思えた。

ラストに向けて一段と演技は盛り上がっていく。見せ場のスコーピオンも何とか乗り切り、見事に踊り切った。ラストのポーズもバッチリ決めた。

「ゴー・グリフィンズ!」

この1年で、よくぞここまで成長してくれた。演技の最初から最後まで、本当に周りがよく見えていて、終始楽しく自分たちのペースで踊っていた。

この演技を見せてくれた彼女たちに、集まったグリフィンズ・ファミリーの皆さんからも大きな拍手が送られた。あとは、18時からのクロージングセレモニーを待つばかりである。

それまでの数時間、全国から選び抜かれた精鋭たちの華麗な演技を見学し、精一杯拍手や声援を送りながら、この晴れの舞台を全員で楽しんだ。自分たちの演技を終え、審査結果の発表が行われるまでのこの時間を、これまでの大会以上に心から楽しめた気がした。

そして、いよいよ発表の時を迎えた。オープニングセレモニー同様、華やかなライトアップのなか、ゲスト・パフォーマンスもあり、会場のボルテージは一段とヒートアップする。

各カテゴリーの発表、表彰が順次行われていく。表彰台に立つ選手の表情はそれぞれに晴れやかで、互いに健闘を讃え合う参加チームからの拍手や、客席から見守る家族や仲間たちの歓声に、思わず目を潤ませる選手も少なくない。

「続いての表彰は、ソング・ポン部門、中学校ラージ編成です！」

アナウンスの声が会場内に響きわたる。我々のカテゴリーである。

入賞は5チーム。昨年は、グリフィンズが第5位であった。今年は、あまり早い段階で名前を呼ばれてほしくない。

5位、4位、3位と順番にチーム名が呼ばれていく。

2位まで発表された時点で、まだ名前は呼ばれていない。そして……。

「第1位、幸福の科学学園中学校チアダンス部、ゴールデン・グリフィンズ！」

堂々の第1位。表彰台に上った杏奈《あんな》と早耶子《さやこ》が輝く笑顔で、スタンドに大きなトロフィーを掲げてみせた。

全てのプログラムが終了し、着替えを終えて荷物を持った我々は、会場の外に出ていったん集合した。その周りに保護者の皆さんも自然と集まってくる。ほかのチームも同じように外のスペースのあちこちに集合していて、ミーティングの輪が数多く出来ている。

結果発表の時点では、順位の発表のみで得点はわからなかった。つまり、今回堂々と全国優勝を果たすことが出来たが、アルティメット・クラッシュを果たせたかどうかは、ジャッジ・シートを見るまでわからない。

帰りの受付で封筒に入ったジャッジ・シートを受け取り、最初に私が中を見る。そして、その内容を、集合した生徒たちに私から伝えるのが恒例になっている。

中を見た私は、一瞬息を呑んだ。1年前、初めてこの大会で全国大会に出場し、5位入賞を果たした時の得点が、85・0点であった。それから約1年、先月の東京予選では、88・67点で全国大会の切符を手にした。そして、今回。

私は少々もったいぶって、「全国優勝おめでとう！」と言って生徒たちに拍手をしてみせた。生徒たちは笑顔で「ありがとうございます！」と喜びながらも、「早くその封筒の中身を教えてください！」という顔をしている。ドキドキとソワソワがビンビン伝わってくる。しばしその様子を私は楽しんだ。

「今回、アルティメット・クラッシュを目指してのぞんだ全国大会だったけれども、得点はどうだったかな!?」

「前置きはいいから早く教えてください！」という生徒たちの心の声が聞こえてくる。

おもむろにジャッジ・シートに目をやり、私は一瞬ニヤリとしてみせた。生徒たちは、「そのニヤリはどっちの意味なの!?」と前のめりになり、いても立ってもいられない様子である。

「得点は……」数秒の沈黙を楽しんだあとに、私は続けた。

「92点!」

「キャーッ!!!」

グリフィンズ初の90点超えに、悲鳴とも歓声ともつかない強烈な声を発して、部員たちはピョンピョン飛び跳ねながら全身で驚きと喜びを表現していた。この得点は、全国の舞台で戦った中学生全24チームで圧倒的にトップなのはもちろん、今回この全国大会に出場した精鋭の高校生全83チームでも、これより高い得点を取ったのはわずかに1チームだけであった。

まさにアルティメット・クラッシュと言えるだろう。しばらくの間、興奮が冷めやらなかった。創部から3年で、ついにここまで来た。これが、グリフィンズの持つ信仰の力である。この結果をもって、しっかりと胸を張り、どこから見ても疑う余地のない、堂々たる日本のチャンピオンチームとして世界大会に挑むことが出来る。

日本の頂点に立った今、次なる目標はただ一つ、世界一である。ゴールデン・グリフィンズ、誇り高き勇者たちが、黄金の翼を羽ばたかせて、ついにこの日本を飛び出し、世界を目指す。出発までは、あと7日。目指す決戦の地は、アメリカ、ロサンゼルスである。

PART 2 そして世界へ

いざ、ロサンゼルス

いよいよ世界大会に向けての準備が慌ただしくなってきた。4月2日に成田空港から、直行便でロサンゼルスを目指す。その後3日間、現地の高校ダンスチームとの交流や発表、また時差や体調を整えつつ練習を進め、現地時間の4月6日が大会になる。

出発の数日前には、地元那須町のT町長を表敬訪問させていただいた。これで、T町長に直接ご挨拶するのは3度目である。

那須町役場に中3の8人と、私と副顧問の小島朱音《こじまあかね》の計10名で訪問した。役場の入り口に到着すると、担当のSさんが出迎えてくれた。3度目の訪問ということで、もう生徒たちとも顔なじみであり、いつもの爽やかな笑顔を見ると、我々の緊張もほぐれた。

Sさんに町長室まで案内していただくと、やはりいつものように優しく穏やかな笑顔で、スマートで若々しいT町長が我々の訪問を迎えてくれた。リーダーの杏奈《あんな》から、全国大会の様子や、世界大会に向けた抱負をお伝えし、T町長からねぎらいと激励の言葉をかけていただいた。

そして、「君たちの活躍は、那須町の誇りでもあるので、ぜひ町の代表として頑張ってきてください」との言葉に、一段と気合が入った。

この頃、続々と、グリフィンズを応援していただいている全国の皆様から、千羽鶴や色紙等の励ましや応援の品物をいただき、本当にありがたかった。また、多額の渡航費用のご寄付をいただき、これほどまでに全国の皆様から支えられているチームはほかにないと、感謝・報恩の思いを深めずにはいられなかった。

そして何と言っても、大川隆法《おおかわりゅうほう》総裁から激励の言葉と多大なるご寄付を賜ったことは、大きなモチベーションとなり、必ず、「世界一」となって「ハッピー・サイエンス（幸福の科学の英語名）」の名前を世界に広めてくると固く誓い合った。

我々は、自分のために世界に挑むのではない。使命を果たすために、世界に行くのだ。ゴールデン・グリフィンズの世界への挑戦が、ついに始まった。

この挑戦のことを聞いたBS－TBSが、我々の世界への挑戦を密着取材して放送してくれることになった。放送は5月25日、16時から16時54分。「ダンス！ 乙女たちの青春～本場アメリカに挑む～」という1時間特番で全国放送される。

もちろん撮影クルーの皆さんもアメリカに同行する。礼儀正しくて人当たりがよく、誰とでもすぐに仲良くなるグリフィンズのメンバーたちは、すぐに彼らとも打ち解けた。

今回、残念ながら、のりコーチはアメリカに同行することが出来なかった。出発前の最後のレッスンでは、一人ひとりにメッセージをいただき、恒例の勝利のキットカットに思いを託して、旅立つ全員に手渡してくれた。

グリフィンズのために、思いを込めてつくり上げてくれたのりコーチの振り付けを、必ず世界の舞台で輝かせてくる。日頃の、厳しいなかにも心からの愛情溢れる指導に対して、結果で恩返しがしたい。いよいよ明日、我々はアメリカに旅立つ。

時差ボケしながらの遠征初日

4月2日、午前9時30分に、学園をバスで出発する。いつものように、K観光のMさんが運転手として学園の中庭に大型バスをつけてくれた。体格のいいMさんの人懐こい笑顔を見ると、生徒たちもいつも安心感に包まれる。

いつもの遠征とは違い、大型のスーツケースをバスに積み込む様子を見て、いよいよ海外遠

密着取材中のグリフィンズの面々（BS-TBS「ダンス！ 乙女たちの青春――本場アメリカに挑む」）

征に向かうという実感が湧いてくる。本来なら、大勢の生徒や教職員に見送られながらバスが出発するところなのだが、春休み中のこの日、ほとんどの生徒が実家に帰省しており、見送りの生徒はあまりいなかった。

帰国するのは4月8日、始業式の日の夜である。出発は静かなものであるが、必ず結果を出して、全校生徒が待つ学園に凱旋《がいせん》してみせる。旅立ちが静かなほうが、かえって凱旋時のインパクトを大きなものにしてくれるはずだ。一人ひとりが心に熱い闘志を秘めながら、バスはゆっくりと学園をあとにした。

成田空港に到着すると、すでにほかの出場チームの皆さんはロビーに集まっていた。今回、我々が出場する世界大会というのは、正式名称は「第46回ミスダンスドリルチームUSA・INTERNATIONAL」で、全米での予選を勝ち抜いたチームと、日本のダンスドリル選手権全国大会での各カテゴリー優勝チームがロサンゼルスに集結し、世界一を争う大会である。ダンスドリルはチアだけではなく、様々なカテゴリーに分かれて演技を競い合うのが特徴である。今年ロサンゼルスでの世界大会に進出したのは約150チーム、またソロの演技も盛んであり、アメリカからは100人以上の選手がこの大会を勝ち抜いてきた。

今回、様々なカテゴリーから日本を代表して世界大会にのぞむのは、高校生15チーム、中学生は幸福の科学学園1チームの計16チーム、スタッフや引率者を合わせると、総勢350人の日本代表遠征団である。

日本チームのカテゴリーの内訳は、ジャズが1チーム、リリカルが1チーム、フラッグが2チーム、ヒップホップが女子のスモール、ミディアム、ラージ、男女混成のミディアム、ラージの代表計5チーム、ポンがスモール、ラージの代表計2チーム、ノベルティが2チーム、ソロが2チーム、そして中学生代表1チームの合計16チームである。

遠征団を率いるのは、ミスダンスドリルチーム・インターナショナル・ジャパンのK理事長、私がこの世界に入ったばかりの若手の時代から育てていただいた恩人である。

長時間のフライトを終えてロサンゼルス空港に着いた我々グリフィンズ一行を、空港の到着ロビーにて、ハッピー・サイエンスのロサンゼルス支部の皆さんが出迎えてくれた。中学生23人と引率者2人の、長旅で疲れた体と異国の地での不安な気持ちを、明るくパワフルな歓迎の笑顔が全て吹き飛ばしてくれた。

ロサンゼルス空港からサンタモニカ・ビーチに行き、束の間のリフレッシュタイムを過ごすと、いよいよ練習会場であるアメリカン・スポーツセンターを目指して出発した。

時差を考えると、実はここからが眠くなる時間で、長旅の疲れもあるのでホテルで休みたいところだ。ただ、ここで寝てしまうと時差ボケが続いてしまい、夜に眠れなくなる。そこで、あえてこのまま練習を行い、夜にしっかり寝て明日以降につなげるスケジュールが組まれた。

練習会場のアメリカン・スポーツセンターは巨大な施設であり、数十面のバスケットボールコートが広がる。ここではバレーボールやバスケットボールのアメリカのオリンピック代表チームの練習も行われているという。

到着した我々は、その大きさに圧倒されながら、各チームに割り振られたそれぞれのコートに移動して、さっそく練習を開始した。移動の疲れもあったが、いざ練習が始まると、さすが日本代表チームというだけあって、昼食会場で見せていた顔とは一変。戦いを前にした表情で、チームカラーを出したダンスに一心にのぞむ姿が見られ、互いにいい刺激を与え合っていた。

約4時間の練習を終え、ホテルに到着したのは夜の7時。

日本代表チームが宿泊したロサンゼルス郊外アーバインのハイアット・ホテルは、ダンスドリル世界大会のオフィシャルホテルとなっており、ロビーでは、各地から集まった代表選手らしき外国チームのダンサーたちとすれ違い、互いに挨拶を交わしたりした。これが同じ中高生かと思うほど、体格もよく、大人っぽい姿に、グリフィンズの中学生たちは圧倒されているようだったが、これが世界大会である。

こうして、長かった遠征初日が無事終わった。明日以降に疲れを残さないよう、早めにベッドに入る選手が多かった。というより、部屋に戻って気がついたら眠っていたというほうが正確かもしれない。

今回の遠征は、もちろん世界の舞台で戦い、優勝するというのが最大の目標である。ただ、ダンスドリル協会がこの海外遠征において大事にしているものは、それだけではなかった。10代のうちに海外に出て、視野を広げて新しい視点や発想を身につけられるのは、とても貴重な経験である。そこで、せっかくのこの機会に、普段日本にいたのでは体験出来ないアメリカならではのプログラムがいくつか組まれていた。この遠征を通じて、大会での学びはもちろん、異文化交流することで一人ひとりが人間として成長を遂げる機会にしたいという意図が込められている。

ハイテンション異文化交流

4月3日、遠征2日目に用意されているプログラムは、ディズニークリニックであった。これは、本場アメリカのディズニーランドのパレードやショーに出演しているダンサーに、振り付けやレッスンをしている超一流インストラクターから、ダンスのレッスンをしてもらうというものである。

300人を超える日本代表チームのメンバーが三つに分けられ、それぞれ別々のレッスンスタジオに通された。

ここで、ミュージカルやジャズ、ヒップホップなど、様々なジャンルの指導者がやって来て、交替でレッスンをしてくれる。正直に言うと、私はこの指導者の方全てに、圧倒されてしまった。どの指導者の方もそれぞれ自分の世界を持っていて、いきなり初対面で集まった言葉も通じない若者たちを、一瞬にしてその自分の世界に引き込んでしまうのだ。共通しているのは、圧倒的なテンションの高さ。そして、それは単に指導者本人のテンションの高さだけではない。レッスンにやってきた若者たちを、一人残らずそのテンションに巻き込む強烈なオーラと感化力があった。

選手たちは、自分たちを確実に高めてくれる自信に満ちた指導に、充実感と本当の意味での楽しさを感じ、イキイキと目を輝かせて踊っている。

この感覚を体感した者とそうでない者との差は歴然となるだろう。体格や表現力に勝るアメリカチームと戦うに際して、この経験はとても貴重であった。

翌4日、遠征3日目、約350人の日本代表遠征団は、二つに分かれて現地の高校を訪れた。我々グリフィンズが向かったのは、サンペドロ・ハイスクール。地元でも、ダンスが盛んな高校として有名な学校である。

歓迎セレモニー終了後、体育館に入ると、日本から来た8チームに練習場所が割り当てられた。体育館のメインスタンド側とバックスタンド側に、それぞれ観客席が設けられていて、両サイド合わせると約1000人が観覧出来る、大きな施設である。

各チーム1時間弱の練習をしたあと、この会場に集った日米全チームが演技を披露し合った。サンペドロ・ハイスクールのダンスチームは人数も多く、チアだけではなく、フラッグやヒップホップ、リリカルやジャズなど様々なカテゴリーに分かれて、複数のチームが様々な衣装で登場して会場を盛り上げた。

どのチームも高校生とは思えない大人びた演技で、日本人にはない個人の表現力、アピール力の強さを感じた。

しかし、日本チームも負けてはいない。日本の特徴は、やはりチームワークにあった。全員が一つの生き物のように一糸乱れぬ息の合ったパフォーマンスは、世界に誇れるものだと実感した。

日米双方の特徴を併せ持ったチームが登場すると、ある意味最強のチームになれるのではないか。今後のチームづくりのヒントを得ることが出来た。

そしてもう一つ。この日の演技披露で、生徒たちが実感したことがある。それは、アメリカ人の観客の異常なテンションの高さであった。普段日本では声が上がらないような場面でも、とにかく大きな歓声が飛ぶ。

実際踊っていたグリフィンズの選手たちも、「え、ここですでにこの歓声!?」「このテンションすごいな！」と驚いた瞬間が何度もあったようだ。

この体育館でこれだけの雰囲気ということは、大会当日の会場の盛り上がりのすごさがある程度想像出来る。この日の段階でそれがイメージ出来たことは大きい。こうして一日一日、大会当日に向けたビジョンが自分たちの中に形成され、心身共にアメリカの風土に溶け込んでいくのを感じた。

中学生リーダー・杏奈《あんな》の成長

４月５日、遠征４日目、多くの皆様に支えられ、愛され、育まれてきたグリフィンズが、創部３年目にして世界の舞台に立つのは、いよいよ明日である。

このメンバー全員で、今回の振り付けで踊れるのは明日が最後である。帰国すると、杏奈《あんな》たち８人の中３「ラスカル」のメンバーは、高校に進学し、後輩たちとは別のチームになる。

ラスカルという中３の学年の呼名は、メンバー８人の頭文字から取った。Ｒが理沙子《りさこ》、ａが杏奈《あんな》と礼愛《あやめ》、ｓが早耶子《さやこ》と沙織《さおり》、ｃが智菜《ちな》、もう一度ａが２人の愛理《あいり》（秦愛理《はたあいり》と西愛理《にしあいり》）、そして最後のｌは№１の１《いち》とｌ《エル》をかけている。これで「Ｒａｓｃａｌ《ラスカル》」になる。

昔、「あらいぐまラスカル」というキャラクターがあったが、〝Ｒａｓｃａｌ〟とは日本語で「いたずらっ子」という意味で、元気よく型にはまらず、ちゃっかり1番になってしまうというような意味でつけられた名前であった。

このラスカル8人のうち6人は、そのまま幸福の科学学園高等学校那須本校に進学し、引き続き、高校チアダンス部ゴールデン・グリフィンズの一員として活躍する。

しかし、沙織《さおり》と礼愛《あやめ》の2人は、那須本校には進学しないことが決まっていた。実はこの年の春から、滋賀県の大津市に、姉妹校である幸福の科学学園関西校が開校する。兵庫県出身の沙《さ》織《おり》と、岡山県出身の礼愛《あやめ》は、色々と悩んだ結果、より実家に近い関西校に進学することを決めたのだ。

ラスカルの8人は、ぴろたちファニー・ビーと同じ、学園1期生であり、グリフィンズの歴史を全て経験してきた仲間である。創部1年目は、ファニー・ビーとラスカルが常に共に練習し、大会にも同じ一つのチームとして出場してきた。

そうして成長してきたメンバーが全員で踊れる、最後の晴れ舞台が明日の世界大会である。この大会にかける思いはひときわ強いものがある。リーダーの杏奈《あんな》は、そのことを誰よりも強く自覚していた。

この3年間で、本当にラスカルの8人は大きく成長を遂げてきた。入学したての頃は、まだ体も小さくて表情もあどけなく、まだまだ小学生にしか見えない子どもたちだった。それが今では、日本を代表して世界一を摑むためにアメリカで戦っている。それを引っ張ってきたのは、リーダーの杏奈《あんな》である。

今では、誰が見てもリーダーの中のリーダーにしか見えない杏奈《あんな》だが、実は最初からリーダーシップを発揮していたわけではなかった。

前にも書いたが、1年目はカリスマ的なぴろがキャプテンで、高1、中1全員をまとめていた。2年目からは、中学生と高校生が別々に大会に出場するようになり、キャプテンはぴろだが、中学生リーダーに杏奈《あんな》が就任した。

最初のうち、中学生はぴろの言うことは聞くが、杏奈《あんな》の言うことには素直に耳を傾けない雰囲気があった。杏奈《あんな》自身も、ぴろのようにリーダーシップを発揮出来ない自分に悩んだ。これは、3年目に2代目キャプテンの幸乃《ゆきの》が直面したのと同じだ。

そんな悩みを、杏奈《あんな》がどのようにして乗り越えていったのか。まず、ついてきてくれない皆を恨んだり愚痴を言うのではなく、自分がまだ信頼されていないからだと考えた。だったら、とにかくあらゆる面で誰よりもたくさん努力をして、信頼を勝ち取れる自分になろうと決意したのであった。

のちに杏奈《あんな》は、ある取材でリーダーとしてどのようなことを心掛けていたかという記者の問いに対して、次のようなことを語っていた。

「私はもともと、あまり表に立つタイプではなかったので、リーダーになったばかりの頃は、みんなが聞いてくれない、私の言葉が入っていかない感じがして、どんどん自信もなくして、悩んでいました。

ただ、そこで感じたのは、弱々しい発言をしている人の言葉なんて誰も聞いてくれるはずないし、そんな人に自分もついていこうとは思わない。だから、同じところからスタートした仲間でも、自分が上に立つなら、誰よりも一歩先にいなきゃいけない、誰よりも努力しよう、と決意して頑張りました」

さらに、チームが短期間で結果を出せるようになったきっかけはあるかと記者に聞かれ、杏《あん》奈《な》は次のように答えていた。

「ある時、学園創立者である大川隆法《おおかわりゅうほう》先生が、海外で数万人の方たちを前にご説法をされている姿を映像で見ました。主が先頭に立って活動してくださっている姿がすごく印象的で、その時、私の中で『自分たちが何かやらなきゃ』『主のために踊ろう』という思いが今まで以上に強まりました。そして、『自分たちが本気で思えば、世界を変える何かをなせると信じてやろう。思いは必ず実現する』と、みんなの本気さも一段と高まりました」

こうして杏奈《あんな》は、主のためにという思いが深まり、技術的にも精神的にも向上していった。また、成績は学年トップを維持し、チアダンス部はもちろん、それ以外のあらゆる生徒、教職員からも信頼を得るリーダーに成長した。

幸福の科学の教えに、「周りを変えたければ、まず自分を変えること。自分が変われば周りも変わる」という考え方がある。まさにこれを実践し、努力してきた結果なのだ。

世界大会を翌日に控えて

遠征4日目のこの日は一日、アメリカン・スポーツセンターで最終の練習が行われる。ここまで来ると、やはり一人ひとり体のあちこちに痛めた箇所も出てくる。ただ、それはどのチームも同じであり、全くどこも痛くない選手など一人もいない。

そのなかで、いかにしっかりとストレッチや柔軟、マッサージの時間を確保し、適切な栄養を正しい時間に摂取し、必要な休養や睡眠の時間を確保するかが大事になる。また、必ずどの大会でも、選手の体調面のケアをするプロのスポーツトレーナーの方が帯同している。

この日の練習は、皆、ここに立たせていただいていることへの感謝の思いに溢れていた。

ただ、初めての海外遠征で、知らず知らずのうちにどこか緊張状態が続いていた。日本では共に練習している高校生たちも、ここにはいない。10代前半の中学生23人の肩に、チーム、学園の重み、また日本代表としての重みもかかっている。普段の大会前日の雰囲気とは、何かが違っていた。

遠征初日に微熱を出した2年生もいた。足首の捻挫《ねんざ》を押して、最後の力を振り絞って踊っている3年生もいる。また、アメリカに来てから急に、普段痛くなかった箇所の筋が引っ張られる感覚が続いているという部員もいた。

体だけではない。自分たちと戦う相手チームの情報は、日本での大会と比べると格段に少ない。会場も全く初めての場所である。フロアの感覚や観客席の様子など、わからないことだらけである。

そんなことは気にせず、とにかく最高の演技をすることだけを考えればいいというのは、頭ではわかっている。それでも、国内でアルティメット・クラッシュをしていた自信満々の感じとは違う自分たちがいるのを皆感じていた。

普段とは違う環境下での初めてのチャレンジ。それでも何としてでも結果を出したい。応援してくれている皆のために。そして、主のために。

様々な思いを胸に秘めながら、前日練習を終えて会場をあとにした。

大会前夜の夕食会場は、さながら決起集会と化していた。明日のこの時間には、全ての結果がわかっている。

気合の円陣！

4月6日、遠征5日目、大会本番の朝を迎えた。

午前9時には、最初のチームの演技が始まり、15時30分まで、各カテゴリーの代表総勢114チームが出場する。さらに、その後16時30分から、ページェントと呼ばれるプログラムに入る。そこでは、審査結果の発表、表彰式と並行して、ソロの出場者の演技、モデリング、スピーチの審査が行われる。各カテゴリー優勝チームの再演技などを含め、ページェントは21時頃まで続く。

長い戦いの始まりだ。午前9時のトップバッターは、プロップ部門に出場する日本のK学園であった。この時間に合わせて、全ての日本代表チームがバスに乗り合わせて出発するため、すでに朝6時前から皆で朝食をとった。

7時にはホテルを出発し、会場のブレン・イベンツセンターを目指した。ゴールデン・グリフィンズの出場は、14時20分頃である。会場入りしてから、少し時間がある。バスはほどなく大会会場のブレン・イベンツセンターに到着した。

とても大きな体育館ではあったが、日本でもオリンピックで使用される規模の大会会場を何度も経験してきた。それ自体での緊張はほとんどない。

まずは、1階にある日本代表チームの控室に案内された。16チームが荷物を置き、着替えやメイクの出来るサイズの部屋であった。さっそく選手たちが赤を基調としたグリフィンズのユニフォームに着替えると、一段と気持ちが高まってくる。

ストレッチや柔軟などのアップを控室の片隅で終えると、各チームは会場の外に出て体を動かしはじめた。一般の来場者が出入りする正面入り口は、坂を上って2階にあった。我々の控室の横には、関係者用の出入り口があり、その前にはアスファルトの通路と、その横に広い芝生の空間が広がっている。その向こうにはパーキングがあり、様々なチームがそれらの場所をゆずり合いながら練習場所として使っていた。

慣れている日本の会場であれば、どの時間帯にどの場所で体を動かすということが、あらかじめイメージ出来ている。だが、今日はそうはいかない。あちこち移動しながら、一番動きやすい場所を探し、ウォーミングアップを続けた。

我々が移動するたびに、日本から密着取材のために来てくれている撮影班も一緒に移動する。グリフィンズの選手の多くは、全く気にせず自分たちのペースのまま練習していたが、なかには数人、少しカメラが気になり場所を変えて歩く選手もいた。

日本での取材中はそういった場面は一度もなく、皆、常によく笑顔を振りまいていたが、ここにきて多少ナーバスになった者もいたようだ。しかしそれも最初のうちだけで、その後、日本協会の公式カメラマンや、現地アメリカのメディアの数が増えてくるにつけ、それが当たり前となり、気にする者は誰もいなくなった。

むしろ、グリフィンズのメンバーはとても愛嬌があり、明るくサービス精神旺盛で、どのカメラマンからもとても人気があった。私もBS－TBSの密着取材のディレクターの方と仲良くさせていただいたが、日本を発つ前にこんな話を聞かせてもらった。

「何度も取材に来てみて、皆さんの礼儀正しく元気のいい姿と、真剣に練習に取り組む姿勢に、すっかり魅せられました。実は私の娘もダンスをやっているんです。彼女はこの番組を見たら、きっと何かを感じると思います。皆さんの姿に感化される人たちがたくさん出るでしょう。私もそういう番組の制作が出来て、本当に嬉しいです」

撮影クルーの皆さんも、私たちが結果を出せるように願い、同じ思いで取材に当たってくれている。

時間が経つにつれて、徐々に会場の雰囲気にも慣れ、いつもの自分たちに戻ってきた。アップの合間に、日本チームの出場があると、会場内の一角に設けられた日本チーム専用座席のコーナーに向かい、大きな声で声援を送った。

会場内に入るたびに、応援の熱気と、声援や拍手のあまりのテンションの高さに、アメリカでは毎日のことながらも驚かされた。その雰囲気に触れて、我々のテンションも一段と上がってくる。

午前の演技が終わり、約40分間のランチ・ブレークとなった。午後の開始は13時からである。日本での最後のコーチ・デイでのりコーチが全員に手渡してくれた「勝利のキットカット」をランチのあとに皆で掛け声と共に口にした。日本にいるコーチのためにも、必ずいい結果を報告したい。

いよいよ出番まであとわずか。俄然、緊張が高まってきた。

いつもと違う独特の緊張感に押しつぶされないように、いつも以上に声を出す生徒が増えてきた。大きな声を出すことで、自分を高めつつ、逆に緊張をほぐしている。あとは、とにかくしっかり体を動かして、いつ出番が来てもいいように、心と体の最終準備を進めていった。

この時間は、日本ではすでに4月7日の朝を迎えている。この日は、幸福の科学学園の入学式が行われる日であった。毎年、学園創立者の大川隆法《おおかわりゅうほう》総裁から新入生にお話をいただいており、この日もそれが予定されていた。

結果発表は、ロサンゼルス時間の17時30分頃と聞いている。日本時間では7日の午前10時半。日本にいい報告が出来れば、入学式に間に合う。日本で応援してくれている学園生や、希望に燃えて入学してくる新入生たちに、いいプレゼントとなるだろう。

スタンバイ場所に移動する前に、グリフィンズの23人は、ここで本番前最後の円陣を組んだ。

右手に赤いポンポン、左手に白いポンポンを持ち、赤を基調とした情熱的なユニフォームを着た中学生が、一つの輪をつくる。右手を前に出し、それぞれのポンポンを合わせた。リーダーの杏奈《あんな》が、全員に気合を入れる。

「このメンバーで、この振りを踊るのはこれで本当に最後だから、最後に輝けるように全員で頑張ろう!」

さらに杏奈《あんな》が続けた。

「今日、日本では入学式だから、結果を出してイイシラセを届けよう!」

「ハイッ!」

いつの間にか彼女たちの周りに、密着取材の撮影班はもちろん、日本やアメリカの各種メディアのカメラマンたちが集まってきていた。

「みんな、大好きです!」

「最高の舞台だから、もうめっちゃ思い切って楽しみましょう!」

「最高の演技をしましょう!」

「このメンバーなら出来るって、絶対信じてます!」

「主のために頑張ろう!」

そして杏奈《あんな》がメンバー全員とアイコンタクトを取ると、大きな声で合図を送った。

「せーの!」

「ワン・フォー・オール、オール・フォー・エル・カンターレー!!!」

赤のポンポンを持つ右手を、天に届かんばかりにメンバー全員が高々と突き上げた。

ボルテージは最高潮に高まった。周囲にいたスタッフや取材班、外国チームの皆さんからも、我々に対して拍手が送られた。

「頑張ろー!」とそれぞれが声に出し、ハイタッチを交わしながらスタンバイ場所へと歩を進めた。

私は副顧問の小島朱音《こじまあかね》と二人で、応援席へ向けて走った。いつもは音響席で音出しの合図をするのが私の役目だが、この大会では、大会スタッフのみが音出しの合図をする。そのため私は、めったに見られない観客席から演技を見られるのだ。

日本代表チーム応援席に辿り着くと、ほかの日本チームの皆さんと合流した。相変わらず超満員のスタンドは、異様な盛り上がりを見せている。

ついにこの時がやって来た。日本代表16チームの中で、唯一の中学生チームである。会場のあちこちから、声援が飛んでいる。なかには、日本語も混ざっているように聞こえる。

「幸福ファイトー!」「グリフィンズさん頑張ってくださーい!」

会場にアナウンスが流れた。

「ハッピー・サイエンス・アカデミー・ジュニア・ハイ！　フロム・ジャパン‼」

グリフィンズの選手たちが勢いよく演技フロアに駆け込んできた。最高の笑顔、最高のオーラを放っている。

ここで私は、渾身の力を込めて叫んだ。届け、この魂の叫びが、皆の力になってくれ！


「頑張れ――――――――！！！！」


これ以上出ないくらい体の底から声を出した。魂で叫んでいた。今まで音響席で見守っていた分の声を思いっきり出して叫んだ。

熱狂的な盛り上がりを見せる会場に、大音響の曲が流れた。最初の動きはピッタリ合って、全員が一つの生き物のように動きはじめた。

ノリのいいオープニングの曲に合わせて、ダンスも弾けるように体がキレている。最初のトータッチも綺麗に決まった。いつもより高さもある。

笑顔が弾けている。自分たちの持つ光を会場全体に放つ、そんな気持ちがビンビン伝わってくる。ダブルターンも見事に決まった。全ての動きに無駄がなく、見る人も自然と引き込まれていく。

いつも以上に体がよく動いているのを感じた。まるで、自分たちだけではない、何かに突き動かされているかのようであった。

ファンクのパートも気持ちが入ったパワフルな動きで、ここからラインダンスに向かって一気に盛り上がりをつくっていく。

そしてラインダンス。横一列の位置への入りもバッチリで、一発目のタイミングがピッタリ合った。会場のあちこちから悲鳴のような歓声が上がり、今までに体験したことのないような盛り上がりを見せている。

後半に向けても勢いが衰えず、その後のスコーピオンや杏奈《あんな》のトータッチ、智菜《ちな》のトリプルターンもバッチリ決まって、ここでまたもや大歓声が沸き起こる。それぞれの動きで足もしっかり伸びていて、ボディもよくコントロールされている。

観客席から見るグリフィンズの演技は、とても輝いていて、エナジーとチームワークに溢れていた。このまま最後まで踊り切ってくれ。ただただ、それを祈って彼女たちを見つめていた。

終盤になってもパワーと情熱に満ちた演技を披露し続け、ついにラストのポーズ。

「ゴー・グリフィンズ!」

キメの掛け声が、満員のブレン・イベンツセンターにこだました。

大歓声に送られながら、ゴールデン・グリフィンズの選手たちは、笑顔で演技フロアをあとにした。

踊り終えたグリフィンズのメンバーは会場の外に集まり、皆で抱き合って、声を上げて泣き出していた。

ようやく観客席から駆けつけた私も皆の輪に合流し、ここに来るまで共に歩んできた3年間を感慨深く思い出しながら、頑張った選手たちへ、笑顔でねぎらいの言葉を贈った。

声を上げて泣く選手たちに、自分は最後まで笑顔でねぎらうつもりでいた。ところが、杏奈《あんな》からの言葉に、私も抑えていた感情が溢れ出してしまった。

「正顕《まさあき》先生は、いつもいつも私たちのことを考えて、どんな時も休まれることもなく、いつも私たちの練習につき合ってくださいました。今回も、春休みを全て私たちのために使ってくださって、先生には、本当に本当に感謝しています！　いつも私たちを導いてくださって、本当にありがとうございます！」

「ありがとうございます!!」

深々と頭を下げる部員たちの姿を見て、私も自然と胸の奥が熱くなった。

「こうして、私が頑張れているのは、君たちのおかげなんだ。君たちの努力している姿を見ているのが大好きで、その姿に、逆にこちらが感化されているんだ」

いつの間にか、涙が頬を伝っていた。

ライバル校ステファン・ホワイト

演技が終わり、我々が全員で感動を分け合っていた時、思わぬゲストが訪ねてきてくれた。同じ中学校編成に出場し、今大会優勝候補として呼び声の高いアメリカのステファン・ホワイト中学校の皆さんが、私たちとぜひ交流したいということでやって来てくれたのだ。約40名の大軍団である。

我々と同じく赤をチームカラーにしているようだが、グリフィンズのユニフォームが赤と白で構成されているのに対して、ステファン・ホワイトは、赤と黒のユニフォームであった。アジア系やアフリカ系のような肌の色の濃い選手が多数を占めている。この大人数をまとめているのが、アメリカの戦争映画によく出てきそうな鬼軍曹《おにぐんそう》といった風貌で、体格のいいパワフルそのものの男性コーチである。

我々の演技を見て感動し、互いの健闘を讃え合うべく駆けつけてくれたというのだ。人種や民族、国籍を超え、こうしてダンスで何かを伝え、お互いに影響を与え合えるという経験は、本当に貴重なものである。

実は、ステファン・ホワイト中学はグリフィンズのすぐあとに出場したため、我々は残念ながら彼女たちの演技は見ていない。ミリタリーのカテゴリーで出場していたチームである。ミリタリーというのは、軍隊のような統一の取れたマーチングと、シャープで精密な動きを取り入れた演技を行うもので、次々と変化を見せていく隊列や、腕やフットワークなどのきびきびと一致した動きが特徴である。

鬼軍曹のようなコーチが、この大人数の生徒たちを指導している姿が目に浮かぶようである。あとで日本協会の関係者から聞いたのだが、大人数でも見事にピタリと統一の取れた演技で、構成も見る者に圧倒的な印象を与えていたという。

中学生は、全カテゴリーからの総合順位で優勝を争う。つまり、このあと行われる結果発表では、当然ライバルチームの一角ということになる両チームであるが、今は大舞台での演技を終えて、互いの健闘を讃え合っている。

ステファン・ホワイト中学のメンバーは、あらかじめ我々が出場してくるということを知り、プレゼントを用意してくれていた。リーダーらしき3人の選手から杏奈《あんな》に、手づくりの小物など、色々なプレゼントが手渡された。

その後、お互いに代表の生徒が英語でエールを送り合った。全力で世界の頂点を目指した両チームだけがわかり合える、ここまでの苦労や今日の感動などを互いに分かち合った。

近くにいた生徒同士が、簡単な英語で交流し、ハグをするシーンもあちこちで見られた。最後に全員で記念の集合写真を撮った。その際、「那須《NASU》から世界へ！ HAPPY SCIENCE ACADEMY」と書かれた手づくりの横断幕が掲げられた。当日にJTBの添乗員さんと一緒にマネージャーの西巻《にしまき》がつくっていたものだ。

写真撮影が終わると、ステファン・ホワイトの選手の誰かが歌を歌いはじめ、それに合わせて皆でダンスを踊り、その場は大いに盛り上がった。日米を代表する両チームの選手たちが、一時、試合ということから離れて心から楽しめる時間であった。大きな仕事をやり遂げたあとの、束の間の休息であった。

沈黙

それから間もなく、全てのチームの演技が終了し、大会はいったん休憩時間となった。その後16時30分からページェントが始まる。そのなかで、いよいよ審査結果が発表される。

自分たちの演技を終え、審査結果の発表が行われるまでの時間というのは、何とももどかしい。今までも日本で何度となく経験してきたわけだが、早く結果を聞きたくもあり、聞くのが怖いようでもあり、自分たちの演技に満足できた時は、むしろ結果を聞かずにこの満足感だけで十分という気持ちになったりもする。

この休憩時間では、かえって演技の話よりも、他愛もない日常の話題やアメリカでの生活の話などをして気を紛らす生徒も多かった。しかし、いざページェントが始まり、指定の座席に着くと、否《いや》が応でも緊張が高まってくる。

表彰式では、各チーム代表の2名のみが演技フロアに整列する。杏奈《あんな》と早耶子《さやこ》の2人がフロアに並び、あとの21人の生徒と2人の顧問は、観客席の一角に指定された日本代表専用席に座った。

男性司会者の大音響でのアナウンスの声が、会場全体に鳴り響く。いかにもアメリカといった感じの抑揚たっぷりの派手なアナウンスが、会場を一段と盛り上げ、観客席の歓声も独特のアメリカンスタイルで、絶叫にも似た声があちこちから発せられている。

各カテゴリーの審査結果の発表が始まった。入賞チームのアナウンスに対して、会場のそれぞれの応援席から、そのたびに地鳴りのような大歓声が上がっていく。

時間と共に徐々に我々の緊張も高まっていった。そして、しばらく経ったあたりで、日本代表チームのスタッフから、こちらに声がかかった。

「次は中学校編成です！」

いよいよだ。我々は、前後2列に横並びに座っていたが、隣同士のメンバーと手を握り合い、全員が頭を下げて体を丸めて祈るような姿勢を取った。

この日のために、この3年間、努力に努力を重ねてきた。

2010年の4月、開校と同時に「3年後に世界一になる」という目標を掲げ、これまでに数々の壁を乗り越えてここまでやって来た。ここに来れずに、志半ばで引退していった先輩たちの分まで、自分たちが全ての思いを受け止めて、この世界大会の切符を手にし、そして全力で踊り切った。

今までの様々なドラマが、頭の中を駆け巡った。熱狂のブレン・イベンツセンターに、わずかな静寂が訪れた。

「サード・プレイス、カーネギー！」

第3位は、ミリタリーで出場したカリフォルニアのカーネギー中学校であった。握る手に一段と力が入る。いったん顔を上げた生徒たちが、再び頭を下げて祈る姿勢に戻った。

「セカンド・プレイス」

一瞬の沈黙に緊張が走る。

「ハッピー・サイエンス・アカデミー・ジュニア・ハイ！」

ここで名前が呼ばれた。結果は第2位、準優勝である。

生徒たちに喜びはなかった。この瞬間は、何が起こったのかわからないといったふうで、一瞬時間が止まったかのようであった。茫然と言葉もなく皆顔を上げた。そして天を仰ぐ者、両手で顔を覆う者、再び頭を下げてうなだれる者。

しばらくは、頭の中が真っ白になっていた。その後間もなくして皆の心に「使命を果たせずに申し訳ない」「応援してくださった皆さんに恩返しが出来なかった」「あと少し自分に厳しく努力することが出来ていれば」といった思いが浮かび、誰一人口を開く者はいなかった。

優勝チームを告げる派手な男性司会者の大音響のアナウンスが、ただただ頭の中を通り過ぎていった。

優勝は、ステファン・ホワイト中学校であった。

祝福の拍手を贈らなければいけない。頭ではそうわかっていた。手は自然と動いた。ただ、この間の記憶は、あまり覚えていない。

優勝チームを讃える気持ちは誰もが持っていた。あとで、再演技をしたステファン・ホワイトの皆さんに、最大限の声援と心からの拍手と尊敬の思いを贈った。

この大会の審査は、5人のジャッジのうち、最高点と最低点をつけた2人の得点はカットされる、いわゆる上下カットの方式で行われる。グリフィンズのジャッジ・シートの得点は合計282点。一方、優勝校のステファン・ホワイトは282・5点であった。なんとわずか0・5点で、優勝を逃し準優勝という結果であった。これには悔しさのあまり何も言葉が出なかった。

大好きな先輩へ

この日の夜、ホテルに戻った我々は、すぐには部屋に帰らずに、いったんロビーに集合した。明日は帰国であり、関西校に入学する沙織《さおり》と礼愛《あやめ》は、成田空港からそのまま滋賀県の大津に向かう。また、それ以外の杏奈《あんな》たちラスカルのメンバーも、日本に帰れば高校生であり、このメンバーで一つのチームとして集えるのは今日が最後である。

ロビーに集まると、ラスカルの8人に横一列に並んでもらった。8人とも全くこの流れは予想しておらず、何が始まるのかと、不思議そうな表情を浮かべていた。

すると、2年生から、一人ひとりに卒業のプレゼントが手渡された。そのプレゼントというのは、2年生が中心となって作成した、手づくりのアルバムであった。偉大な先輩たちに感謝の思いを伝えるために、寮で夜な夜な作成したものであった。

8人全員違う内容で、一人ひとりの、このグリフィンズでの3年間の貴重な写真が所狭しと貼られてあった。その中には、彼女たちが1年生の時の写真もある。後輩たちは持っていないはずの写真だが、事前に依頼を受けた私が、内緒で提供していたものであった。

この8冊を並べて置くと、それぞれの表紙の絵がつながり、綺麗な虹色のハートが浮かび上がるようになっていた。それから後輩たちは、先輩それぞれの得意技を描いてあげていた。杏《あん》奈《な》はトータッチ、早耶子《さやこ》はハードラー（ハードルを跳ぶような姿のジャンプ技）といった具合だ。先輩への感謝と愛が感じられる、とても可愛く、思いが詰まった力作である。

しばらく、8人それぞれが3年間の思い出に浸りながら、ページをめくるたびに感動の声を上げていた。それぞれの周りには後輩たちの輪が出来て、時にハグしたり、思わずもらったアルバムを感慨深く抱きしめたり、涙を流しながら思い出話に花を咲かせていた。

のちに私が、世界大会で印象的だったことは何かと、ラスカルのメンバーに聞いてみたことがある。すると、皆が決まって最初にあげたのが、この手づくりのアルバムであった。

このアルバムがそこまで素晴らしいのはなぜなのかを聞いてみると、後輩たちの愛や、デザインの可愛らしさ、満載の写真の懐かしさはもちろんであるが、実はグリフィンズ全員からラスカルのメンバー一人ひとりへのメッセージが貼られていたからであった。

中学生だけではなく、高校生も、のりコーチも、我々顧問の二人からのメッセージも貼られている。つまり、ゴールデン・グリフィンズ全員の思いが詰まったアルバムなのだ。

悔しさの本当の理由

4月7日、遠征最終日、ついに帰国の日を迎えた。この日は、ロサンゼルス空港に9時30分に到着し、12時30分の飛行機でロスを飛び立ち、成田に向かう。

仲良くなった日本代表チームの皆さんとも、これでしばらくお別れである。1年後の再会を約束して、皆さんと今大会の健闘を讃え合い、別れを告げた。

本当に学びの多い遠征であった。生徒たちはこの若さで、これだけの経験を積ませていただけたことは、これからの人生において、とても大きな財産となるだろう。毎日の全てのプログラムが学びの連続であり、大きな成長につながった。経験値というのは、何ものにも代えがたいものがある。

1カ月後の5月にオンエアされたBS－TBSの特番「ダンス！ 乙女たちの青春～本場アメリカへ挑む～」では、戦い終えた我々に贈るメッセージとして、番組の最後をこうナレーションが締めくくっていた。

「もう二度と、同じメンバーでは踊れない。そう、この日が、もう二度とない青春の1ページ。こうして彼女たちの挑戦は幕を閉じました。次の夢に向かうために……」

我々が成田空港に到着したのは、日本時間の4月8日の夕方であった。ここで沙織《さおり》と礼愛《あやめ》に新天地での活躍を祈ってエールを送り、互いの高校生活の健闘を誓い合って別れを告げた。

空港の駐車場には、K観光のMさんがいつものように大型バスで待っていてくれた。その人懐こい笑顔を見ると、日本に帰ってきた実感が湧いてきた。

バスから見る久しぶりの日本の景色が懐かしかった。約4時間の道のりを経て、幸福の科学学園那須本校に戻ってきたのは、夜の10時頃であった。

帰ってきて驚いたのは、その熱狂的な歓迎ぶりであった。遅い時間にもかかわらず、女子寮のメンバー総出で我々の帰国を出迎えてくれた。これには本当に感激すると共に、成し遂げた事の大きさを、あらためて実感した。

昇降口からカフェテリアに向かう下りの階段があり、その先に女子寮の入り口につながる渡り廊下が伸びている。その両サイドに女子生徒が花道をつくってくれて、まさに凱旋帰国という雰囲気を演出してくれた。これは本当にありがたかった。

嬉しく誇らしい笑顔で、高さ80センチを超えるトロフィーを掲げてみせると、大きな歓声に包まれ、自然とあちこちから拍手が沸き起こった。学園全体で、一緒に戦ってくれていた実感が込み上げる瞬間であり、皆で喜びを分かち合うことが出来たのが、とても感動的であった。

翌9日、記念講堂に集合した全校生徒・教職員の前で、チアダンス部世界大会報告会が行われた。

最初に表彰式が行われ、校長から大きなトロフィーが代表の神野杏奈《じんのあんな》に手渡された。そして、顧問の私から、世界大会の概要と、皆さんへの感謝や、生徒たちの頑張りを紹介し、その後大型スクリーンに、今回の遠征中に撮影されたスナップ写真のスライドショーを映し出して、会場は大いに盛り上がった。

最後に、リーダーの杏奈《あんな》から、皆さんへのお礼の挨拶で報告会が締めくくられた。

一礼の後、杏奈《あんな》は口を開いた。

「日頃から支えてくださる皆さんの思いを絶対に無駄にしたくないと思い、世界大会本番にのぞんだのですが、結果は、第2位、準優勝でした。正直、悔しかったです」

本心を隠さずに、素直な気持ちを語り続けた。

「何が悔しかったかというと、優勝したチームも、私たちと同じように信仰を持ったチームだったということです。何を信仰しているのかはわかりませんが、本番前に、手を合わせてお祈りをしていました。一番悔しかったのは、エル・カンターレ信仰が1番なんだということを示せなかったことです」

杏奈《あんな》の本心からの思いであった。

「ただ、エル・カンターレ信仰を持った私たちにしか出来ない演技をして、観客の皆さんに伝わるものはあったと思うし、私たち自身も、使命感と、皆さんへの感謝を込めて踊り切ることが出来たことは、本当によかったです。これからも、主のお役に立てるように、皆さんの期待に応えられるように、努力していきます。ありがとうございました」

こうして、3年目のグリフィンズ、初の世界大会への挑戦は幕を閉じた。

第４章

創部４年目の「挑戦」

GRIFFINS

経験豊富な先輩、後輩に挟まれて

2013年、創部4年目のグリフィンズがスタートした。新しいキャプテンになったのは、高2の川端満月《かわばたみつき》である。副キャプテンは、同じく高2の小宮留衣《こみやるい》。去年の仮入部で、土壇場で入部を決意してくれた二人である。学年のニックネームは「トゥインクル・ポラリス」。トゥウィンクルはキラキラ光る、ポラリスは北極星。常に皆の目指す方向を指し示し、夜空に明るく輝き続ける北極星のような存在になりたい、そんな思いでつけられた名前である。

ポラリスは、満月《みつき》と留衣《るい》のほかに、成績優秀で医者を目指している淳代《あつよ》、天然キャラが魅力の依里《えり》を合わせた4人の選手。そして、男らしさの漂う女子の片岡《かたおか》と女の子らしい万里奈《まりな》の2人のマネージャーを入れて計6人であった。

彼女たちが引っ張る創部4年目のこの年は、今までにはなかった新しい挑戦がいくつもあった。まず、高3のうち、幸乃《ゆきの》、永遠《とわ》、杏樹《あんじゅ》の3人が引退せずに夏の大会まで残って一緒に活動を続けるということ。

次に、高校1年生として、幸福の科学学園中学校出身者が初めて入学してくるということ。つまり、中3だった杏奈《あんな》たちラスカルのメンバーが、グリフィンズの高校生として入部してくることになる。

さらに、学園の中学から入学してくる生徒とは別に、新たに高校から幸福の科学学園に入学してくる生徒もいる。チアダンス部には、ラスカルのメンバーに加えて新たに5名の高1が入部してくれた。もちろん5名とも未経験者である。5名のうち2名は幸福の科学学園中学の出身者であった。ただ、中学時代は別の部活動に入っており、高校から一念発起して、グリフィンズの一員となった。愛理沙《ありさ》と、ハワイから入学してくれたクラウディアである。あとの3名、世利奈《せりな》、真珠実《ますみ》、七海《ななみ》は高校からの入学生であった。

ほかのメンバーとの経験の違いもあり、入部して間もない彼女たちは夏の大会は見送り、秋大会デビューということになる。

ちなみに、中学からの内部入学生が60名。そのほかに高校から受験をして入学してくる生徒が40名。合わせて100名の高校1年生となる。学園として、その両者が同じ高校生として交わるのも、開校以来初のことである。

新キャプテンの満月《みつき》には、今までにない大きなプレッシャーがかかってくることが予想された。

部長でありながら、自分より上級生であるメルシー・ラパンのうち3人が残って活動している。しかも、実力者ばかりで元キャプテン・元副キャプテンがいる。そして、下級生が、自分よりチアの経験も長く、全国優勝・世界準優勝を成し遂げた経験豊富なメンバーたちである。リーダー経験者の杏奈《あんな》もいる。

高校に入学してからチアを始めて、まだ経験1年の満月《みつき》にとっては、正直「やりづらい」としか言いようがないだろう。

しかも、高校から新たに入部してくる1年生もいるわけで、これだけバラエティに富んだメンバーをキャプテンとしてまとめ上げるというのは、プレッシャー以外の何ものでもないはずだ。

さらに今年は、高校生も全国優勝、そして世界大会優勝という結果が求められる年である。

普通なら、この年のキャプテンは、逃げ出したくなってもおかしくない。

そのなかで、一人の時は泣きたいこともたくさんあったであろう満月《みつき》だが、決してそうした弱気な姿を表には出さず、常に堂々と難問に立ち向かい、リーダーシップを発揮し続けたのは、本当に立派であった。

実際、学年の枠を超えてチームが一つにまとまることさえ出来れば、今年の高校生はグリフィンズ史上最強メンバーであることは間違いない。

今年は高1のレベルが高く、3人の高3も残っているので、4年目にして初めて夏のダンスドリル選手権に出場することを決めていた。

6月29日に東京の有明コロシアムで関東予選が行われたが、これまでは、高3は引退し、新入生は全員初心者であり、6月の時点でこれだけの戦力が整ったことはない。

ソングリーダー・スモール編成に出場したグリフィンズの高校生は、初出場で初優勝を飾ってしまった。創部4年目で、ゴールデン・グリフィンズ高校生初の第1位。それも、2位のチームに2点差をつけての優勝であった。

一緒に出場した中学生も、同じく2位のチームに2点差をつけて優勝し、グリフィンズ始まって以来の中高アベック優勝が実現した。

誰からも愛される人気チームへ

中学生の新リーダーには、中3の上村美智《うえむらみさと》が就任した。中学生リーダーは、3年間、神野杏奈《じんのあんな》が務めてきたポストであり、4年目にして2代目リーダーが誕生した。

新リーダーの美智《みさと》とは、実は、彼女が小学生の頃に1度だけ会ったことがあった。

まだ幸福の科学学園が開校する前、私が開校準備室の職員として勤めていた頃である。全国から生徒を募集するため、各地に学園のPRに回っていた。その時何度か九州を訪れたことがあったのだが、大分県でPRをした際に、彼女は母親に連れられて、わざわざ熊本から私の話を聞きに来てくれた。まだ受験生ではなかったと記憶しているので、おそらく小学5年生か4

年生ぐらいだったと思う。

休憩時間に、私が会場の外に広がる大きな中庭で景色を眺めていると、ふと横に小さな女の子が一人でひょこっとやって来た。当時の印象では、まだ私の話を聞くには早いのではないかと感じるほどの小さな女の子が、人懐こい笑顔で、たった一人で話しかけてきたという感覚であった。

何を話したというわけでもなかった。ただ、しばらく二人で散歩をしたような記憶がある。「将来、大きくなったらチアダンス部に入ってね」というぐらいの話はしたかと思う。

おそらく、お母さんから「何かの縁だからお話してきなさい」とでも言われたのだろう、というぐらいにその時は感じた。ただ、とても印象的な出会いだったので、その後彼女はどうしただろうと気になっていた。

それが、今、グリフィンズで中学生のリーダーに就任した美智《みさと》であった。

美智《みさと》たちの学年のニックネームは、「ORION《オリオン》」。美智《みさと》のほかに、副リーダーの美翔《みか》、そして優香《ゆうか》、風子《ふうこ》、智美《ともみ》、朱理《あかり》の6人の選手とマネージャーの西巻《にしまき》とを合わせて7人のメンバーである。

この7人の一人ひとりが大事であり、一人も欠けることは出来ない。オリオン座も7つの星で構成されており、一つでも欠けたら星座にならない。この7人全員が、天空にそびえるオリオン座のように大きく輝ける存在感を発揮していきたい。そんな思いでこの名がつけられた。
満月《みつき》と同様、美智《みさと》にも大きなプレッシャーがかかっていただろう。何と言ってもあの杏奈《あんな》の次のリーダーである。さらに、グリフィンズは毎年確実に自己ベストを更新し続け、一度も大会結果が前回大会を下回ったことがない。特に中学生は、昨年ついに二つの全国優勝を成し遂げ、世界大会では準優勝という結果を残した。

今年これを上回るには、出場する国内の全ての大会で優勝し、世界大会でも優勝する。これしかない。

中高共に新チームの体制が固まった。

少しずつ結果も出はじめてきた創部４年目を迎えたこの年、さらなる進化を目指した我々が目標に掲げたのは、積極的に他のチームと交流し、外の世界に打って出ることであった。那須の山の中での寮生活である。ともすれば、井の中の蛙《かわず》になりかねない。この年をさらなる挑戦の年ととらえ、新たな視野を広げるべく、活動範囲を広げていく決意をした。

間もなく迎えた夏休みが、その絶好のチャンスである。

８月１日には、４月の世界大会に一緒に出場したＳ県立Ｎ高校さんとの合同練習が実現した。近くのＯＭ高校さんも一緒に参加して、大変有意義な時間を過ごすことが出来た。やはり、ストレッチや柔軟体操、バレエの動きのバーレッスンやステップ練習、またテクニックの練習の仕方に、各校で少しずつ違いがある。それぞれの特徴を互いに教え合い、新たな視点を得ることが出来た。

サマー・キャンプ

また、ちょうどこの時期に、のりコーチが所属しているUSAが毎年、企画・運営しているサマー・キャンプがあった。

キャンプというのはいわゆる「合同合宿」のことであり、8月3日から5日にかけての2泊3日、富士五湖の西湖湖畔で行われる。この年の参加チームは、関東を中心に地元の静岡や京都のチームも含めて全部で12チーム、250名が集った。

そのうち、グリフィンズは中高合わせて41名の部員が参加した。

3日のお昼にバスで西湖湖畔のホテルに到着し、さっそく午後から湖が目の前に見えるロケーションの体育館での合同練習が始まった。USAのインストラクターの皆さんが、様々なジャンルに分かれて、それぞれのダンス・ルーティンの指導に当たってくれる。チアリーディングやソングリーディング、ジャズやヒップホップなど、生徒たちも自分の習いたいクラスに分かれてレクチャーを受ける。

インストラクターの皆さんは、さすがにダンスがとびきり上手なのはもちろん、スタイルもよく、皆チアリーダーらしくて美しい。教え方も実にわかりやすく、楽しく生徒たちを盛り上げその気にさせてくれる。彼女たちの体の動きを見ていると、自分たちにもいいイメージが残り、今までより出来るような感覚を持って踊ることが出来た。のりコーチが何人もいて色々教えてくれると言えばわかりやすいだろう。

そして、このキャンプの特徴として、単にダンスのレッスンだけでなく、チアリーダーとして持つべき心構えや、安全に練習が行われるためのガイドライン、体調管理のためのレクチャーなど、総合的に理想のチアリーダーの活動のあり方を学べるプログラムが数多く取り入れられていた。

最終日のクロージングの時間には、今回のキャンプに参加した全チームの中から、参加者とインストラクター全員が投票し、最もチームワークの素晴らしかったチームを選んで表彰するという「ＵＮＩＴＹ《ユニティ》賞」の授与の時間が設けられていた。

「ＵＮＩＴＹ」という考え方は、ＵＳＡで大変重要視されているポリシーであり、以下のような説明がなされている。

「日本語でいうと『一致団結』というような意味になります。よく『チームワークがいい』とか「いいチームですね」とかいいますが、きっとそのようなチームは『ＵＮＩＴＹ』なチーム

だと思います。（中略）

（『ＵＮＩＴＹ』なチームになるには）『思いやり』を持ちましょう。自分のことだけではなく人の立場になって相手の事を考える。（中略）

自分のチームがＵＮＩＴＹになれば他のチームにもやさしくなれると思います。

お互いがお互いを認め合い、信頼し、１つにまとまる事、これがキラキラと輝くチームを作るために大切な事といえるでしょう」

つまり、「ＵＮＩＴＹ賞」に選ばれるというのは、大変名誉なことであり、重要な意味を持つのだ。

その「ＵＮＩＴＹ賞」にこの年輝いたのは、ゴールデン・グリフィンズであった。しかも、圧倒的な得票数ということで、会場からは、満場一致といった雰囲気の拍手が贈られた。

そして、共に参加したチームの指導者の皆さんから、「今度一緒に練習させてください！」という依頼もいくつか受けた。

実は今回、ぴろの出身校であるＹ学院中学校の皆さんも参加していて、指導者の先生と話をする機会がたくさんあった。やはり合同練習の話になり、後日、わざわざ神奈川からバスで那須まで来ていただき、それが実現した。

先輩と後輩の関係

グリフィンズのUNITY、つまりチームワークがいいということの理由の一つとして、先輩・後輩の関係がうまくいっているということがある。

私も長年教師をしているなかで、色々な学校の様々な部活動の様子を聞くが、上を目指して厳しい練習をしている部活動において、先輩と後輩の仲があまりよくないケースが多々ある。

例えば、後輩に足を引っ張られて大会で負けては大変とばかりに、教師の目を盗んで上級生が下級生を理不尽なまでに叱るという具合だ。それに気がついた教師が上級生に注意をすると、「自分たちも先輩から同じようにされてきた。だから、自分たちが上級生になった今、それをやらずにいるのは損をしたことになるので、やらせてくれ」と言って、毎年同じことが繰り返されるというのだ。だから、どこかの代で、このサイクルを断ち切らなければならない。

グリフィンズでは、こうした先輩・後輩のトラブルをほとんど見たことがない。やはり、創部と同時に活動の「目的」をはっきりと示し、毎年全員でそれを共有出来ていることも大きいだろう。

つまり、目的は「人間的に成長すること」であり、その目的を果たすために大会での優勝という「目標」がある。どんな手段を使ってでも勝つことだけが目的となってしまうと、後輩を理不尽なまでに苦しめることもありになってしまう。

また一方で、後輩のほうが実力が上の場合に、先輩からの嫉妬を受けることがある。先輩がその事実を認めたくないために、後輩を必要以上に罵り、否定することで自分を上に見せたいという考えが働くのだ。

今年のグリフィンズでは、中学で3年間、全国や世界で活躍してきた高1を、高校からチアを始めたばかりの高2の満月《みつき》がキャプテンとして導かなければならない。先輩・後輩の関係がギクシャクしても不思議ではない。

しかし、普段の練習を見るかぎり、そうした様子はほとんど見られない。

幸福の科学では、嫉妬心というものは、決して自分にとってプラスにはならないという教えがある。自分が嫉妬する相手というのは、実は自分の理想の姿なのだ。嫉妬心はその自分の理想像を否定し、心の奥で壊してしまう行為であり、その姿に自分を近づけていくことを自ら出来なくしてしまう。

だから、嫉妬するのではなく、逆に祝福するべきであり、自分の理想像を心の中で肯定してこそ、初めてその姿に近づくことが出来る。

グリフィンズの部員たちは、それをしっかりと実践している。下級生のほうが実力が上であったとしてもそれを否定することなく、むしろ、それを目指して努力している。

それぞれの成長がチーム全体の成長につながるということを理解しており、学年に縛られることなく、お互いを尊重し、認め合いながら果たすべき役割を果たしている。

とは言え、経験豊富な先輩・後輩に挟まれてチームを引っ張る満月《みつき》には、練習中の姿だけでは気づけない葛藤や苦労が色々あるのも事実だろう。

のちに、大会の応援に満月《みつき》の家族が駆けつけてくれた時に、私は満月《みつき》の母親と直接話をする機会があった。

「本当に大変な役をさせてしまって申し訳ありません。満月《みつき》さんは、お母さんには色々悩みを打ち明けていたんではないでしょうか？」

と私が切り出すと、満月《みつき》の母親からは、意外な言葉が返ってきた。

「そんなことないんですよ。夏休みに満月《みつき》が帰省してきた時に、ちゃんとキャプテンやれてるの？　大変なことが多いんじゃない？　と聞いてみたんです。そしたら満月《みつき》は、『全然大変なんかじゃないよ。先輩たちは本当によくフォローしてくれるし、後輩たちはみんないい子ばっかりで、いつもいつも助けられてるんだ。これだけのメンバーに恵まれて、私は本当にやりやすくて、大変だと思ったことなんて一度もないんだよ』って言うんです。本当にありがたくて、涙が出ました」

満月《みつき》も、それを支えるポラリスも、先輩も、後輩も、皆が相手の立場に立って、キャプテンを尊重しながら必要なフォローやアドバイスを的確に与えている。自分のためではなくチームのために何が出来るかを最優先に考えて、行動している結果であった。

そして、その全ては「主《しゅ》のために」。信仰で結ばれている仲間たちの結束は固い。最高の絆で結ばれたチームワークの賜物であった。

中高揃って堂々の日本一

8月10日に全国高等学校ダンスドリル選手権、12日に全国中学校ダンスドリル選手権が、共に東京体育館で開催された。

グリフィンズ史上最強チームでのぞんだ高校生は、満月《みつき》を中心としたトゥインクル・ポラリスの高2がチームをよく引っ張り、高3の3人が迫力ある動きで後輩たちを盛り上げ、世界大会準優勝の経験のある高1が見事なダンスを披露し、3学年が融合したUNITY溢れる圧倒的な演技で、ソングリーダー部門スモール編成で見事、高校生として初の全国優勝を成し遂げた。

得点は91・3点、全国の予選を勝ち抜き選び抜かれた精鋭チームの中で、このカテゴリー唯一の90点超えを果たす、堂々の日本一であった。

中学生も、7人の審査員の平均得点90点で、ソングリーダー部門ミディアム編成で優勝を果たしたただけでなく、中学生全出場チームの中で最高得点に輝き、見事、団体総合優勝を獲得した。

この結果、来年4月にアメリカ・ロサンゼルスで開催されるダンスドリル世界大会の出場権を、今年は中高揃って獲得することが出来た。今度こそ夢の「世界一」に、中高同時に挑戦する。

また、今大会の結果を踏まえて、ダンスドリル、USA、JCDAの三つの団体が統合して運営しているチア・ジャパンが加盟する、ICU国際チア連合主催のアジアオープン・チアリーディング選手権への「エキジビジョン・ゲスト出演」が決まった。9月14、15日に、国立代々木競技場第二体育館で開催される。日本での開催ということもあり、アジア各国から集った選手たちに、日本のチアのレベルの高さを見てもらうという貴重な機会だ。

高3の幸乃《ゆきの》、永遠《とわ》、杏樹《あんじゅ》の3人は、8月の全国優勝を成し遂げた時点で、いったん引退し、大学入試へ向けて受験生としての生活に集中することにした。しかし、自分たちが一員となって勝ち取った世界大会にはどうしても出場したいという熱い思いから、入試が終わる2月に部活に復帰し、後輩たちと共に世界大会に出場して「世界一」を目指すことを決断した。

そんな彼女たちと入れ替わりで、高校から入部した高1の5人が加わり、この秋からいよいよチームに混ざって大会に出場する。

地域との交流

この夏の中高揃っての全国優勝のニュースは、お馴染みの「下野新聞《しもつけ》」でも、中高それぞれ、カラー写真入りで大きく取り上げられた。また、那須町の広報誌にも掲載していただき、地元では多くの方の目に触れることになった。

こうした新聞や広報誌の反響は思いのほか大きかった。

例えば、私が地元の郵便局に行くと、局員の皆さんから「先生、記事見ましたよ！ 優勝おめでとうございます！ アメリカでも頑張ってください！」と声をかけられたりした。同様のことが、近くのコンビニでもよく起こった。また、少し離れた黒磯のスーパーでもレジの方に声をかけられた時は、さすがに私も驚いた。

さらに、「新聞を見て連絡させていただきました」ということで、地元のキッズ・チアダンスチームの皆さんが、練習を見学に来てくれたりもした。

9月7、8日に行われた幸福の科学学園の文化祭である大鷲祭《おおわしさい》には、地域の方が数多く来校

下野新聞　2013年（平成25年）8月25日（日曜日）　26

県北・日光版

中高チア部 全国制覇

次は世界の頂点目指す

那須・幸福の科学学園

団体総合1位に輝いた幸福の科学学園中チアダンス部

ソングリーダースモール部門で優勝した幸福の科学学園高チアダンス部

2013年8月25日付 下野新聞

してくださった。「全国優勝・世界準優勝のチアダンス部が見られる」ということで、口コミでじわじわと話題が広がっていたようである。

そのなかに、地元の有力者で、県会議員をされていたGさんもいた。チアダンス部の発表を見て大変感動してくださり、ご自身が運営している10月開催の大田原市黒羽商工会主催の「くろばね軽トラ市」に呼んでくださった。この日の評判がさらに口コミで地元に広がり、続く11月10日に行われた「道の駅『東山道伊王野《とうさんどういおうの》』の『収穫大感謝祭』」にも呼ばれ、駐車場に設けられた特設ステージで、観客席に入り切らず、大量の立ち見が出るほど大盛況のなか、グリフィンズは演技を披露した。

また、このイベントには、那須町のT町長も駆けつけてくれて、グリフィンズの演技の直後にわざわざ我々のもとを訪ねて、ねぎらいの言葉をかけてくれた。

その日、T町長は、自身のフェイスブックに以下のような記事を掲載してくれた。

「とにかく、笑顔が素敵なんです。とにかく、素直なんです。とにかく、心の優しい、いい子たちなんです。幸福の科学学園チアダンス部『GOLDEN GRIFFINS』の選手の皆さん！　道の駅東山道伊王野の収穫祭に初参加してくれました。

当日は、黒山の人だかり。ご覧になった方々からは、大絶賛の嵐。これからも世界大会制覇に向けて、体に気をつけて頑張ってほしいものです。

『ＧＯＬＤＥＮ ＧＲＩＦＦＩＮＳ』の選手の皆さん、本当にありがとうございました！　ガンバレー!!」

さらに同じこの日には、昨年の全国大会で準優勝の実績を持つＮ大学付属Ｎ高校チアダンス部の皆さんが、グリフィンズと合同練習をするために、わざわざバスをチャーターして東京から那須までやって来てくれた。

翌週の日曜日には「那須の郷高館《さとたかだて》まつり」に出演した。

チアダンスを初めて見るという方も多く、グリフィンズが登場し、ありったけの笑顔でキレのあるダンスを披露すると、あちこちから驚きと感動の声が上がった。

全ての演技を踊り終えると、客席からは「アンコール！」の大合唱が起こり、予定より１曲多く踊らせていただくことになった。

この盛り上がりと歓迎は、本当にありがたかった。今、自分たちは、完全に地域社会の一員として、地元の皆さんと共にこの地域の活性化のための活動に取り組んでいるという実感が湧いてきて、感慨深いものがあった。

後日、イベントの実行委員の方がゴールデン・グリフィンズの演技を撮影したものをＤＶＤにして部員全員にくださったのだが、なんと、エンドロールには感謝をつづったメッセージまで入れてくださっていた。こうした地域の方々との温かい交流が本当に嬉しく、ありがたかった。

大会の結果も含めて、こうした様々な活動、グリフィンズの新しい挑戦の姿が色々な方面に口コミで伝わり、ついに地元テレビ局の「とちぎテレビ」に出演することになった。「ニュースワイド21」という番組の栃木県のスポーツ界で夢に挑戦している人たちを紹介する「挑夢《いどむ》」というコーナーだ。そこでキャプテンの川端《かわばた》満月《みつき》を通してチームを紹介するということが決まった。

満月《みつき》は、「練習中、キャプテンとして気をつかっていることは?」というインタビューで次のように答えた。

「私がキャプテンでいられるとするなら、努力している姿勢は見せたいなと思いました。技術が伴わなくても、努力する姿勢は、絶対に誰にも負けたくないです」

このコーナーでは、最後に、出演した本人に1枚の色紙が渡され、自分が大事にしている言葉を書いて見せることになっている。そのことを撮影中に聞かされた我々も、満月《みつき》がいったい何という言葉を書くのか興味深かった。

満月《みつき》が色紙に言葉を記入しているシーンが映し出され、それに合わせてナレーションが入った。

「川端《かわばた》満月《みつき》の『挑夢』、チャレンジ・ザ・ドリーム」

そして、満月《みつき》が書き終えた色紙をこちらに向けて見せた。彼女がそこに書いた言葉は――。

使命感!!

「世界一になれますか?」

満月《みつき》が笑顔で答える。「頑張ります。仲間と一緒なら」

燃えるマグマのような志と情熱

11月30日、12月1日の2日間、幕張イベントホールにて、JCDA全日本チアダンス選手権2013の関東予選が開催される。

中学生は、昨年全国3位に入った大会であり、その後、今年3月のUSAナショナルズで全国優勝、8月のダンスドリル選手権でも全国優勝してきただけに、今回、必ず獲りたいタイトルである。

高校生も、昨年全国大会初出場を決めた大会であり、その後の成長と、今年8月のダンスドリル選手権優勝という結果を見れば、ぜひとも全国優勝を狙っていきたい。

そして、単に優勝というだけでなく、あくまでも我々が目指すのはアルティメット・クラッシュである。

いい結果が続いていると、心のどこかに油断や隙が出てしまうものである。ただ私からすれば、この程度の結果が出たぐらいでは満足もしなければ、常勝チームになったという気持ちも全くない。あくまでも、やっと強豪チームに仲間入りしそうな、若いチャレンジャーでしかない。

常に気持ちを引き締めて練習にのぞみ続けられるかどうかが、アルティメット・クラッシュを実現出来るかどうかの鍵となる。そう、「練習は本番のように、本番は練習のように」である。ただし、それを言葉で言うのは簡単なことであるが、実際に実践し続けるのは、なかなか難しい。生徒たちが常に高いモチベーションを維持出来るための「魔法の言葉」のようなものがあればいいと、私も日頃から様々な分野の成功者の言葉や活動を研究し、生徒たちに伝えている。

そんな時、JCDA関東大会の2週間ほど前に、大川隆法《おおかわりゅうほう》総裁から「どうすれば仕事ができるようになるか」という仕事論の講義が質疑応答形式で行われた。そのなかで、ある質問に対して大川総裁は次のように答えられた。

「誰もが『まだ、そこまで行っていない』と思うところ、未来の部分を攻め込まないと駄目であり、他にないもの、他と徹底的に差をつける差別化戦略のなかに、生き残りの鍵があるとみなければいけない。したがって、新規にやるのであれば、徹底的に他と差をつけるところまでやってしまわなければならない。（中略）『圧倒的な差別化をしてみせる』という自信があれば、何をしても失敗することはないはずである」

大川総裁の力強い回答に、私は思わず引き込まれた。そして、今目指しているアルティメット・クラッシュも、要は他のチームに圧倒的な差をつけて勝つことであり、まず、そういう発想を持つことが大事だということをあらためて認識出来た。

さらに大川総裁は、「他に圧倒的な差をつけるための心構え」にまで言及された。

「会社が儲からないのは人口が減っているからだ、学校の生徒が集まらないのは人口が減っているからだ、といくらでも言えるが、こんなことを言っていては駄目である。他に圧倒的な差をつけて、顧客をつくり出せばいいことであり、そういう意味では、一丸となって燃え上がらなければいけないのです。そうした徹底的な差をつけていくものは何であるかというと、『燃えるマグマのような志と情熱』なのです！」

この「燃えるマグマのような志と情熱」という言葉を聞いた時、私の心の中に稲妻のようなものが迸《ほとばし》った。

さっそく、この日の部活動の練習の際に、私から生徒たちにこの内容を伝えた。部員たちの多くが、私と同じように、心の中に閃光が走ったと教えてくれた。

これ以降、部員たちの練習に取り組む姿勢が一段と燃え上がった。全員が一丸となって、他のチームに圧倒的な差をつけるべくマグマのように燃え上がっている。時に、少し集中力を欠いたかに見える生徒がいたりすると、「燃えるマグマだよ！　わかってるの！」「志と情熱が足りてないよ！」という檄《げき》が、あちこちから飛ぶようになった。

こうして迎えたＪＣＤＡ関東予選。中学生は見事第1位、高校生も、昨年9位で初めて全国への切符を手にしたが、今年は堂々の第2位で、中高揃って全国大会出場を決めた。それも共に優勝を狙える位置につけての予選突破である。

ＪＣＤＡ全国大会

予選の1週間後のＪＣＤＡ全日本チアダンス選手権の様子は、ＢＳジャパンでテレビ放映された。

「チアダンス。それは、チーム全員が一体となって、見るものを魅了するスポーツ。ダンス、衣装、そして笑顔でダンサーたちは自分自身を表現します。そんなダンサーたちが、日本一を目指して全国から集まりました。2分30秒という限られた演技時間にかける、彼女たちの笑顔と涙の真剣勝負に迫ります！」

溢れる笑顔で、高校グリフィンズのメンバーが大舞台の演技フロアに登場してきた。

画面には、選手のアップの表情が映し出される。爽やかな笑顔の中にも、やってきたことへの自信がうかがえる。

音楽に合わせて力強いアームモーションが始まった。そして杏奈《あんな》を中心とした4人のトータッチも足が伸びてタイミングも合っている。その後のY字バランスもしっかりと決まった。センターの智菜《ちな》は安定感抜群である。

全員でのトータッチも高さがあり、続く全員でのダブルターンもキレがある。今回のターンでは、両腕を斜め上にV字の形で固定する「ハイV」の状態で回る技に挑戦した。

ここでラインダンスが始まった。テレビでは、JCDAのM代表が解説を務めていた。

「タイミングが合っています。途中にアームモーションも取り入れられていて、とても綺麗《きれい》です！」

そしてダイナミックにフロアを大きく使って、いくつかのフォーメーションチェンジを見せた。

ここで、アナウンサーが思わず声を上げた。

「おっ、スコーピオン！」

今回の演技の見せ場の一つとして、センターの智菜《ちな》が、ターンを回りながらスコーピオンを決めるという大技に挑戦している。

このあとも後半に向けて、ポジションをチェンジしながら、ハードルを飛ぶようなジャンプ技のハードラーやジュッテなどの技を次々と披露していく。そして、ラストの曲でさらにテンポを上げながら一気に盛り上げる。

フィナーレに向けて盛り上げながら、センターの留衣《るい》の高さのあるトータッチでさらにアクセントをつけ、満月《みつき》を中心としたダブルターンが綺麗に決まった。そして最後に杏奈《あんな》、秦《はた》、依里《りえ》の前列3人がトータッチを見事に跳んで、「ゴー・グリフィンズ！」

「見事に最後を決めました！」とアナウンサーも唸った。

リプレイがスローで流れながら、アナウンサーとM代表がグリフィンズの演技を振り返った。

「あらためて、シンクロと、全体のメリハリというのが見事でしたね」

「そうですね、人数が多いほど揃えるのは当然難しくなるわけですけれども、そういったところまで気をつけて練習出来ていたのがよく伝わってきました。いい演技だったと思います！」

画面には、演技を終えて戻ってきた選手たちの表情がアップで映し出された。キャプテンの満月《みつき》と、初の全国大会出場ながら、思いっきり力を出し切った高1のクラウディアの笑顔がとても印象的であった。

結果は、第3位入賞を果たした。昨年、初の全国大会出場で第9位だったこの大会から、1年で全国のトップ3に食い込むことが出来た。これで今年は、夏のダンスドリルで全国優勝、メンバーが変わったこのJCDAでも全国3位に入賞し、続くUSAに向けて自信を持ってのぞむことが出来る。

翌日の中学生部門は、ダイジェストでの放映であった。幸福の科学学園中学校の演技は、ラストの20秒間が放送された。

そのなかでアナウンサーが「華やかなだけでなく、力強さも加わってきています！」と評し、解説のM代表が「非常に演技フロアを大きく使った、人数を生かした構成が素晴らしいですね！」とコメントした。画面からもパワフルで圧倒的な存在感が短い時間ながらよく伝わってきた。

中学生は見事優勝を飾った。得点も2位のチームに4点差をつけた圧勝、アルティメット・クラッシュである。これで、3月のＵＳＡナショナルズ全国大会、8月の全国ダンスドリル選手権、ＪＣＤＡ全日本選手権の３大大会全てで全国優勝を果たすこととなった。

大雪のＵＳＡ神奈川予選

年が明けた２０１４年2月8日、３月に行われるＵＳＡナショナルズ全国大会の予選に出場するため、中高グリフィンズは共に、神奈川県の平塚総合体育館に向かっていた。

前にも紹介したが、この大会は全国11の会場で予選が行われ、どこの予選にエントリーするかは、日程等を見ながら各チームで決めることが出来る。関東圏では、東京、埼玉、神奈川、千葉の4会場で予選が行われるが、今年我々は神奈川大会にエントリーしていた。

予選を通過するためには、順位ではなく中学生が80点、高校生が85点という得点をクリアすることが条件である。

この大会には毎年チャレンジしていた。この日も、例年通りに大会にのぞみ、普段の力を発揮することを心掛けてきた。ただ、今年は例年と少し違った。それは、大会当日、20年ぶりと言われる大雪が関東地方を襲っていたのだ。

前日宿泊していた東京正心館をいつもより早い時間に出発したが、それでも会場入りには予想以上の時間がかかった。バスの座席に長時間座っていると、体のあちこちが固くなってしまい、普段通り動ける体に戻すためのアップに時間がかかる。

多少焦る気持ちもあったが、やはりこういった場面で大事なのが平常心である。バスの中で手足のストレッチをしながら過ごし、会場入りが遅れても、短い時間で体をつくれるように準備を始めた。また、演技の曲をバスの中で流し、全員でイメージトレーニングをするなど、この状況のなかで出来ることを淡々とこなしていった。

焦る気持ちは徐々に消えていき、不安よりも自信のほうが上回っていることを各人が確認出来た。今の我々であれば、普段の力を出し切ればきっと予選は突破出来る。特に中学生は気持ちに余裕があった。いつも通り100%の力を発揮することに集中出来ている。

一方高校生は、多少いつもの予選とは違う気持ちでこの大会にのぞんでいた。それは、3月27、28日のUSAナショナルズ全国大会は、幸福の科学学園の高校1年生が全員で参加する、ボストン・ニューヨークの海外語学研修と完全に日程が重なっていたのだ。

今年の高校グリフィンズの出場メンバーは、2年生が満月《みつき》、留衣《るい》など4人、1年生が杏奈《あんな》たち11人の計15人である。15人中11人が抜けるとなると、全国大会ではとても戦いにならない。そこで色々と悩んだ結果、予選でとにかく持てる力を全て発揮し、たとえ突破したとしても全国大会は辞退することにしたのだ。

だから、今日のこの日の予選が、高校生にとっては全国大会に匹敵する舞台なのだ。その上で、4月の世界大会に全員でのぞみ、それを今年度の集大成とする。自信を持って世界に挑むためにも、今日の予選でしっかりと結果を残したい。

会場入りが遅れるチームもあったが、概ね予定の時間で演技が進んでいった。高校生の出場が12時24分。中学生が13時6分である。

グリフィンズのメンバーは、会場に着くとすぐに体を動かしはじめ、高校生は11時44分からの公式リハーサルにのぞんだ。動きは悪くない。その後細かい注意点を全員で確認し、キャプテンとしてこの1年間でひと回り成長した満月《みつき》が、皆に檄を飛ばした。

スタンバイエリアに向かう選手たちの表情には自信が溢れていた。私もその姿を心強く思い、笑顔で見送った。

演技は、期待通りの存在感を発揮してくれた。オープニングからラストまで、力強さが全く衰えず、表情は豊かで溢れる感情が会場全体に広がった。ジャンプやターンのタイミングも全員でよく揃っていて、一つひとつの見せ場も綺麗に決まっていた。

続いて中学生の出番である。こちらは高校生以上に自信満々の演技で、会場を魅了した。すでに日本を代表する中学チアダンスチームとしての地位が確立してきたグリフィンズが登場すると、大きな拍手と歓声に包まれ、注目度も抜群であった。中学生離れした堂々たる演技であった。

この日は中学生から大学生まで出場チームが多数のため、前半・後半で選手は入れ替えられ、前半のカテゴリーに出場した中高グリフィンズの結果発表は、16時から行われる。外はまだ大雪が降っており、普段の大会より早く終わって帰れるのはとてもありがたい。

結果は、高校生が87・67点、中学生が88・33点という高得点で、無事揃って予選を突破することが出来た。順位は中学生が第1位、高校生が第2位であった。

この予選にかけてきた高校生が1位を取れなかったのは、悔しさが残る。この日1位に輝いたのは、1カ月後の全国大会でも圧倒的な得点で優勝を果たしたYS高等学校であった。

グリフィンズが中学チアダンス界でトップを維持しているのと同じように、現在高校チアダンス界のトップに立っているのが、このYS高校であった。

高校グリフィンズも、YS高校には届かなかったが、見事な演技で存在感を示すことが出来た。その証拠に、高校の部でグリフィンズの演技が終わったあとに、偶然私はこの大会を主催するUSAのH代表とすれ違ったのだが、その際、H代表は私のほうに駆け寄ってきて、開口一番こう叫んだ。

「先生、本当にいい演技だったじゃないですか！　『のり』から全国大会欠場するって聞きましたよ！　もったいないなあ、この演技を多くの皆さんに見てもらいたかったのに！」

我々の演技の素晴らしさと、我々が全国大会を欠場する悔しさを我が事のように語ってくれた姿に、とても恐縮したのを覚えている。USAのインストラクターであるのりコーチから、グリフィンズの全国大会欠場の件をH代表も聞いていたのであった。

新ユニフォームで挑むUSAナショナルズ全国大会

USA神奈川予選も終えて、USAナショナルズ2014を越えれば、いよいよ世界大会が近づいてきた。

今回、ユニフォームを世界大会仕様に変更した。チアの本場アメリカの最新のトレンドを常にキャッチし、日本チームも時代の最先端を走れるように変化をしていかなければならない。少し前までは、上半身はゆったりめのベストのタイプが流行であった。スカートも、プリーツの入ったひらひらした感じが可愛いとされていた。

しかし、最近の世界の流れは、よりタイトに、ボディラインがはっきり見えるものが主流になりつつある。上半身もスカートもである。日本でも、強豪チームから順番にそうしたタイプに切り替えつつある状況にあった。我々もここで取り残されるわけにはいかない。コーチや生徒たちとの話し合いを重ねながら、最新の流れを踏まえつつ、グリフィンズの伝統を生かし、チームカラーがしっかりと表現されたユニフォームを作成した。

色合いは、今までのものを踏襲して赤を基調としたカラーに仕上げた。胸から上が白、そこから下とスカートは赤。首と腕、お腹のあたりに赤と金と黒のラインが入っていて、スカートもタイトなもので、よりボディラインが強調される。胸にはゴールドで「ＧＲＩＦＦＩＮＳ」のチーム名が輝いている。

新ユニフォームが届いて、初めてそれを目にした選手たちからは、一斉に歓声が上がった。身につけてみると、今までのものと比べて大人っぽく見えて、自分たちが成長したように感じる。大会に向けて、俄然テンションが上がっていく。

この新しいユニフォームを最初に披露するのは中学生チームであった。今年度、国内最後の全国大会であるＵＳＡナショナルズ２０１４には、高校生は高1の海外語学研修と日程が重なったため、辞退することは前に紹介した。

実はこの年、私は高校1学年の主任であり、1年1組の担任であったため、生徒たちと一緒に3月22日、ボストンに向けて旅立った。帰国は4月7日。そのため、中学生のＵＳＡナショナルズ全国大会には参加することができない。

ここまで順調に結果を残してきたように見える中学生だが、それは決して楽な道のりであったわけではない。1年前の悔しい思いがあったからであり、昨年、世界大会で０・５点差で涙を呑み、世界の頂点を逃した悔しさを、この1年間、誰一人として忘れた者はいなかった。もうあの気持ちを決して味わいたくない。終わってから悔し涙を流すなら、今、どんなに辛い練習でも耐えてみせる。そんな思いが彼女たちをここまで突き動かしてきた。ここからの戦いはさらに厳しいものとなるだろうが、それに打ち勝ったものだけが、栄光の座を摑むことが出来るのである。

振り付けの構成としては、より難易度の高い技を新たにつけ加えた。また、すでに挑戦していた技でも、それを行う人数を少しでも増やす方向で取り組んでいった。

まず、出だしに３人のトリプルターンがあったが、これを５人に増やした。その直後に見せ場の一つとして、Y字ならぬ、I字。つまり振り上げた右足の足首を頭の上で左手で摑み両足をIの字に開いた状態でキープする。その際、右手はフリーにして、体の横でポンポンを振ってみせるという技に、中3の智美《ともみ》、朱理《あかり》と中1の和子《わこ》がチャレンジする。

そのあとにくる全員でのターンは、前列が2回転のダブルで後列は1回転のシングルで回っていたが、全国大会では、全員がダブルターンに挑戦する。また、横に走りながら両足を高く開いてジャンプするセカンドジャンプには6人が挑む。

ラストに近づいたあたりにスコーピオンがあるが、これを8人から11人に増やしてより迫力を増していく。

のりコーチが、個々の力とチームとしての完成度を考え、我々に与えてくれた最高の振り付けである。

全国大会、世界大会に向けて、さらに難易度と完成度を上げるべく死にもの狂いで練習した。I字は体の柔らかさを買われた中1の和子《わこ》があまり苦労せずにマスターしてしまった姿に、かえって中3の2人にプレッシャーがかかり、スランプに陥ってしまった。それでも来る日も来る日も、練習中、隙間の時間を見つけては、2人で黙々とI字に取り組み、徐々に成功率が高まっていった。

セカンドジャンプの6人組も、完成度の低さに悩んでいた。2月の予選では、決して上手に跳べていたとは言いがたい出来であった。移動しながらジャンプするため、両足同時に引き上げるのが難しく、左右の足を上げるタイミングがどうしてもずれてしまう。

感覚を掴むまで、ひたすら跳び続けていたが、やがて体が悲鳴を上げてくる。しかし、弱音を吐いたり、諦めたりする部員は一人もいなかった。

スコーピオンも、人数を増やした分、全員のタイミングと角度がピタリと決まれば見る人を圧倒する演技となるが、なかなか簡単には揃わない。

難易度を上げなければ世界の頂点には立てないが、その分、完成度が下がるリスクも当然ある。しかしどちらを取るかではなく、我々が目指す演技は、難易度も完成度も最高の演技である。決して妥協せず、各人がハードルを高くし、自分を追い込んでいく。この時期、体に痛い箇所がない生徒など一人もいなかった。我々も、地元の整体師や接骨院の先生、また東京からトレーナーの方に足を運んでもらいながら、顧問、コーチ、マネージャー、また養護教諭や寮のスタッフも総動員で、生徒たちのケアに当たった。

そうしてつくり上げてきた演技で、全国大会に挑んだ。

日本とアメリカに離れても、心は一つ

一方、高校生も、初の世界大会に向けて、難易度と完成度を最高に高めるための努力の日々が続いていた。高校生としては初の世界大会であるが、出場する18名のうち6名の高1は、昨年中学グリフィンズが世界大会に準優勝した際の主力メンバーである。誰よりも、あの時の悔しい思いを実感している。

ただ、高校生が克服しなければならない問題として、世界大会に向けて全員の意識を一つにまとめるということがあり、それがとても大変であった。

2月の予選のあと、高3の幸乃《ゆきの》、永遠《とわ》、杏樹《あんじゅ》の3人が大学入試を終えて復帰してきた。技術も経験も十分な3人ではあるが、何しろブランクが長い。半年前の状態に体を戻すことも大変であるが、この半年の間、様々な困難を乗り越えてきた下級生たちと、同じ意識を共有するのに、やはり時間がかかった。

また、高1は、世界大会準優勝を経験した6人と、全くの初心者からこの1年頑張ってきた5人との間には、技術的にも気持ちの面でも、どうしても埋めがたいギャップが存在していた。

それら14人の先輩・後輩に挟まれている高2の部員は、わずかに4人しかいない。彼女たちがこの18人のチームをまとめ上げていくには、大変なリーダーシップとエネルギーが必要であった。

残された時間は、そう多くはない。とにかく日々必死の努力をしながら、苦楽を共にし、同じ時間を共有するなかで、気持ちを一つにしていくしかない。

高校生も、世界大会に向けて新たな難易度の技に挑戦していた。トータッチ、ジュッテ、ハードラー、セカンドや、ターンから連続して跳ぶ合わせ技のシェネ・ジュッテなど様々なジャンプ系のテクニックがあるが、それぞれ人数を増やして迫力をアップさせる。

バランス系の技でもY字などの人数も増やし、智菜《ちな》のターンからのスコーピオンも一段と磨きをかけた。手でつま先を掴んで反り上げた右足を、回転後にさらにピンと180度まで伸ばして静止させて見せる。

また、今回初めて、フェッテターンという難易度の高いターンを取り入れ、6人がチャレンジする。左足を軸に、右足を前に伸ばして大きく弧を描きながら戻し、それを繰り返しながら何回転も回り続ける技である。初挑戦の今回は、全員がタイミングを合わせて3回転してみせる。最後まで軸がぶれずにタイミングを揃えて回り切れるかが鍵である。

彼女たちも中学生と同様、自分を追い込み、厳しく鍛え上げながら、チームとしての動きを合わせていく。痛む体を必死にケアしつつ、気持ちは常にポジティブに持ち続け、何事にも決して諦めずに挑戦した。

そして3月22日、ついに高校1年生が海外研修に旅立つ朝を迎えた。出発は朝の8時。3クラス100人の生徒たちがそれぞれバスに乗り込み、見送りに出てきた生徒たちに窓から思いっきり手を振りながら学園をあとにした。

もちろん、チアダンス部の中学生と高2、高3も皆で集合し、高1の乗ったバスが見えなくなるまで手を振り続けた。

高校1年生は、1週間のホームステイを行ったあと、ニューヨークに移動して2日間そこで過ごす。ニューヨークから日本に向けて帰国の途に着くのが3月30日である。

USAナショナルズ全国大会は、3月27、28日の2日間、千葉の幕張メッセで開催される。その後、ダンスドリル世界大会に向けた日本代表チームが4月1日に出発し、会場であるロサンゼルスに到着するのが4月2日。大会は4月5日の土曜日に行われる。

そこで、高校1年生のチアダンス部員だけは、ニューヨークから日本に帰国せずに、直接ロサンゼルスに向かい、そこで日本チームと合流する。難しい日程であるが、それを言い訳にするつもりはない。

高校生は、今日からしばらく全員で一緒に練習することは出来ない。しかし、日本とアメリカに離れていても心は一つである。我々の目指すものははっきりしている。「主の教えの正しさを証明する」ために、今年、世界の頂点に立つことである。

再び、世界へ

高校1年生は、1週間のホームステイを終えると、お世話になったボストンの街を去り、我々はその後バスでニューヨークに移動した。

その車中で、日本の小島教諭から私の携帯に1本の国際電話が入った。中学チアダンス部が、USAナショナルズ全国大会で優勝を成し遂げたという知らせである。さっそく私はその知らせをチアダンス部の高1と共有し、誇らしく思うと共に、目前の世界大会に向けて一段と気合が入った。

ニューヨークでは、国連本部、ロックフェラーセンター、カーネギーホール、グラウンド・ゼロ、新しく建設されたワールド・トレード・センター、そして自由の女神やタイムズ・スクエアなど、世界を代表する名所を数多く見て回った。

世界の中心を肌で体感し、世界の頂点に立つことの意義をあらためて深く実感した。自分たちが、この手で次の時代をつくっていく。世界のリーダーとして活躍出来る人材になるために、日々精進し、実績を積むことで自信を深めていきたい。

私と、チアダンス部高1の11人は、決戦の地ロサンゼルスに向けてニューヨークから旅立った。

1年ぶりのロサンゼルス。氷点下のニューヨークから春の日差しが眩しいロサンゼルスに到着し、一段とテンションが上がった。こちらで2日間11人で練習し、日本から来るグリフィンズのメンバーとの合流を待つ。

この間に、異国の地で苦楽を共にし、日本とは違い、自分の意見をはっきりと主張するアメリカの文化に触れた高1の11人に変化が見られた。ミーティングの場で、今まで言えなかった、ここに来るまでの様々な葛藤や世界大会にかけるそれぞれの思いを本音でぶつけ合い、お互いをより深く理解し、思いが一つになるのを感じていた。

また、高1だけで練習することで自分たちの絆が深まるだけでなく、普段いるのが当たり前だった先輩・後輩たちの存在が、いかにありがたくて貴重なものなのかを実感した。日本のメンバーも同じ気持ちで練習していた。

離れていても心は一つ。再会するのは4月2日、世界大会本番の3日前である。

目指すのは世界の頂点

2014年4月5日、第47回ダンスドリル世界大会がロサンゼルスで開催された。会場のブレン・イベンツセンターは、昨年同様超満員。早朝からハイテンションな観客たちで、客席は異様な盛り上がりを見せている。

朝の8時から、すでに大会は始まっていた。ジャズ、リリカル、ヒップホップと、様々なカテゴリーが行われていく。グリフィンズが出場するポン部門の演技が始まるのは11時48分。日本のI学園高校から始まり、アメリカのスカーレット高校に続いて、幸福の科学学園高校チアダンス部が登場するのは3番目、予定時刻は12時3分である。

その後、中学生部門が始まるが、グリフィンズはその中でのトップバッター、12時26分の出場である。

昨年、この大会を経験している選手も数多くいる。会場の雰囲気も把握している。全てが初めてで、わからないことだらけだった昨年とは、心境が全く違う。

さらに中学生は、昨年のこの大会で準優勝になってからのこの1年間、予選も含めて国内で出場した全ての大会に優勝し、3大大会のタイトルを総なめにして、無敗のままアメリカに乗り込んできた。

高校生も、全国優勝、全国3位を経験して、堂々と自信を持ってここに来ている。自分たちの演技を100%出し切ることだけに集中すれば、必ず世界のタイトルに手が届く位置に来ているはずだ。

会場入りしてからのアップもイメージ通りである。どこの場所でどのくらい練習すればいいかも、昨年の経験から組み立ては出来ている。

キャプテンである高2の満月《みつき》が、明るく大きな声で全員を盛り上げる。副キャプテンの留衣《るい》が黙々とテクニックに取り組み集中力を上げていく。幸乃《ゆきの》、永遠《とわ》、杏樹《あんじゅ》の高3の3人は、落ち着いて周囲に目を配り、後輩たちをよくサポートしている。3人の存在そのものがチームの安心材料となっている。

それに加えて杏奈《あんな》たち昨年の世界大会経験者である高1が、自信の表情で様々な技の確認をしながら、入念に体を動かし、時折笑顔で仲間を励まし続けている。高1は日本を発ってからすでに2週間以上が経っており、疲れもあるが、気持ちはピークの状態にまで盛り上がっている。

徐々に本番が近づいてきた。スタンバイエリアの近くまで移動するように、スタッフから声がかかった。ここで最後に円陣を組む。

今年は、円陣の際の掛け声が、中高共にアレンジを加えてバージョンアップしていた。中学生は、自分たちの演技のラストに、「ウィー・アー・ウィー・アー・ファミリー!!」という歌詞が出てきて曲が終わる。その「ウィー・アー・ファミリー」という言葉が、まるで自分たちのようだと皆がとても気に入っていた。そこで、いつの頃からか、円陣の際の掛け声にこの言葉が入るようになっていた。

高校生も、やはり自分たちの演技のラストに、「チャンピオン」という歌詞が何度も出てくる。そこで、中学生同様、掛け声の最後に、この言葉を入れるようになった。

満月《みつき》が皆に声をかけ、出場直前の高校生18人が円陣を組んだ。赤と白を基調とした真新しい最新スタイルのユニフォームが、一人ひとりの美しさをさらに引き出し、胸に輝く金色のグリフィンズの文字が、彼女たちの心を浮かび上がらせたかのような光彩を放っている。

右手に金、左手に赤のポンポンを持った手で、隣の仲間の肩をギュッと引き寄せ、全員が一つにつながった。

「会場全体に、グリフィンズの輝きを伝えるよ！」

「この1年、やってきたことの全てを出し切ろう！」

「支えていただいた皆さんへの感謝の思いを込めて、この1回の演技に魂をかけて踊りましょう！」

「いくよ！　せーの！」

「ワン・フォー・オール、オール・フォー・エル・カンターレ!!　ウィー・アー・チャンピオン!!」

掛け声と共に、全員が右手に持った金色のポンポンを高々と天に突き上げた。

力強いその姿を見届け、私も力強い笑顔でエールを送ると、選手たちと別れ、急ぎ足で観客席に走った。

日本代表チーム用に設けられた客席に着くと、ほかの日本チームのメンバーも、グリフィンズの応援のためにアップを中断して戻ってきてくれていた。もちろんそのなかにはグリフィンズの中学生もいる。

会場内に、これぞアメリカといったような、抑揚たっぷりのアナウンスが流れた。

「ハッピー・サイエンス・アカデミー、フロム、ジャパン!!」

選手たちは、最高の笑顔で演技フロアに飛び出してきた。客席のあちこちから声援が飛ぶ。日本チームやグリフィンズの中学生も、ありったけの声で声援を送った。そして、もちろん私も叫んだ。

「頑張れ――――!!」

選手たちの動きが止まった。全員が後ろ向きでポーズを決めている。そして音楽が流れた。勝負の2分30秒のスタートである。

力強く振り向いた前列の選手がしゃがみ込むと、杏奈《あんな》を中心とした後列の5人が高々とトータッチを決めた。高さもタイミングもピタリと合っている。

続いて前列センターの智菜《ちな》を中心に7人がY字を綺麗に見せたあと、ジュッテで前に移動し、再び後列の5人がジャンプを決めた。そして体のキレが抜群のアームモーションをいくつか披露し、センターが理沙子《りさこ》に入れ替わると迫力満点の全員でのトータッチ。

メリハリ、高低差、前後左右の移動が見事に融合した、最高のオープニングである。

自分たちもしっかりと演技に入れたことを実感出来たようで、表情がさらに自信に満ち溢れ、手足がとてもよく伸びて、体をひと回り大きく使うことが出来ている。見ているほうも、堂々とした彼女たちの演技に一気に引き込まれていく。

それにしても何と魅力的な表情なのだろう、と思わず声にしたくなるほどの笑顔だ。音楽と表情、ダンスが見事に溶け合い、フロア全体に自分たちの世界観をつくり出している。

続いて全員でダブルターンを回り、前列の7人はそのままトリプルを回った。難易度の高い技を決めることでチーム全体に勢いが増していく。

そして見せ場のラインダンス。いったん2列に重なってみせて、いくつかの動きを織り交ぜながら一気に横一列に並び、見事にタイミングを揃えて勢いよく足を上げていく。会場の異様な盛り上がりも味方につけて、膝もつま先もよく伸びた、迫力満点のラインダンスを披露した。

さらに勢いに乗って、シェネ・ジュッテなどの組み合わせ技を連続で繰り出し、アップテンポの音楽に合わせて6人のセカンドジャンプでたたみかけていく。練習では苦労した両足を上げるタイミングも、何とか揃えてきた。

ここで、今回初挑戦のフェッテターンである。右足をうまく使って回転してみせたが、さすがに3回転目で6人中数人の軸がぶれた。ただ、着地のタイミングをうまく合わせて、直後の全員でのユニゾンのダンスが綺麗にシンクロしていたため、しっかりとリカバーすることが出来た。

しばらく全員がシンクロしたダンスを感情たっぷりの表情で見せながら、やがてフォーメーションをチェンジしていく。そして放射状になった皆がセンター方向に向かって何歩か進むと、いきなり一斉にしゃがみ込んだ。

そこに浮かび上がったのはセンターに1人、ターンからのスコーピオンを決める智菜《ちな》であった。両手で頭上の右足を掴みながら回転を終えると同時に、最後のひと伸びまで見事に魅せた。会場からは悲鳴にも似た一段と大きな歓声が上がった。

ここからラストの曲が、心に響くメロディーラインであり、踊りながら感情が高ぶり、溢れる思いがダンスにも表現されていく。

そんな溢れる思いが体を動かし、ラストになっても表現力と勢いが全く衰えない。むしろ一段と動きのよさが加速しているかに見える。まるで、本人たち以外の何ものかが一緒に体を動かしてくれているかのような感覚だ。

見ているこちらにも、メンバー全員の溢れる思いがビンビン伝わり、心が感動で満たされていく。

最後まで、一体感のある演技であった。フォーメーションも乱れることなく、移動のタイミングも揃っている。テクニックの完成度も高く、表情も見る者の心にうったえかけていた。ラストのポーズも見事に決まった。

「ゴー・グリフィンズ！」

高校生の演技を見たグリフィンズの中学生は、俄然気合が入った。自分たちも、先輩たちに続いて最高の演技をしてみせる。この1年間、国内で一度も敗れていない力を、世界に示す時がついに来た。

高校生の演技後、すぐに自分たちもスタンバイエリアに向かった。中学生は、赤と白のユニフォームと同じく、ポンポンも右手が赤、左手が白であり、日本の国旗である日の丸のイメージと重なるようにも見える。まさに日本を代表するチャンピオンチームとして堂々とこの地にやって来た。

リーダーの美智《みさと》がチームをしっかりとまとめ上げ、マネージャーを含めた中学生25人の結束は固く、最高の絆で結ばれている。この1年間無敗でこられたのも、努力とチームワークの賜物であり、今日がその集大成である。

今年も、おそらくライバルは昨年の優勝チームであるステファン・ホワイト中学になるだろう。会場で1年ぶりにあの鬼軍曹のような黒人のコーチの姿を見かけ、どちらからともなく歩み寄って互いの健闘を誓い合った。1年前、彼らが出場の直前に神様にお祈りをしていたシーンをはっきりと覚えている。海外のチームでは、そうした姿をよく見かける。我々も負けるわけにはいかない。スタンバイエリアの近くまで移動してきたところで、主への祈りを捧げた。心が落ち着き、自信に満ち溢れてくる。

ここで円陣を組み、美智《みさと》が全員に声をかけた。

「うちらには主がついていて、多くの皆さんの応援があって、家族のような無敵のチームワークがあるから、絶対に負ける気がしない！　今日は必ず世界一になろう！」

全員の気持ちが一つになっているのを感じた。この思いを、会場の皆さんに届けたい。そして、必ず全国の皆様に、イイシラセを報告してみせる。

「ワン・フォー・オール、オール・フォー・エル・カンターレ!!　ウィー・アー・ファミリー!!」

元気いっぱいの中学生が演技フロアに登場してきた。一斉に声援が飛ぶ。それぞれの立ち位置につくと、全員がポーズを決める。一瞬の静寂のあと、大音響の音楽が流れた。

アップテンポの曲に合わせて、弾ける笑顔でハイVのアームモーションを決めると、キレのいいダンスで一気に会場を自分たちの世界に引き込んでいく。5人がトリプルターンをしっかり回り切ると、すぐさま後ろの3人がI字バランスを見せる。勢いよく振り上げた足を3人がピタッとタイミングを合わせて受け止め、見事に180度に足を開いてIの字をつくってみせた。それを見て、会場のボルテージも一段と上がっていく。

ここで美智《みさと》がセンターに来ると、全員でトータッチを跳んだ。高さ、足の開き、タイミング、上半身の姿勢などが見事にシンクロして、観客を圧倒する。

そしてさらに力強い曲調になり、演技フロア全体に24人の選手が一斉に広がる。全身を大きく使って見せるダンスは圧巻である。全員のダブルターンもしっかりと決めてきた。

ここから曲調が変わり、センターに入った智美《ともみ》を中心としてファンキーなダンスを見せる。このファンク・パートをグリフィンズの中学生は得意としており、一糸乱れぬ動きで全体が一つの塊に見える様は迫力満点で、見る者に強烈なインパクトを与える。

そしていくつかのフォーメーションチェンジを繰り返し、シェネ・ジュッテやダブルターン、ハードラーなどの技を繰り出したあとにラインダンスに突入した。

表情、タイミング、足の高さなど、どれをとってもアピール力に溢れている。会場の盛り上がりも半端ではない。

後半に入っても勢いは加速するばかりで、選手たちの熱い思いが伝わってくる。一つひとつの見せ場もきっちり決め続け、そして、このあと得意ではなかった6人のセカンドジャンプ。

「決まってくれ！」と私は心の中で祈りながら叫ぶ。

決まった！　高さも十分、タイミングも合い、今までで最高の出来であった。これでいける。

ここで曲調が変わり、それに合わせてキュートなダンスを披露し、雰囲気を変えてアクセントをつけた。全てが狙い通りに進んでいる。

あとはラストに向けて最後の盛り上がりを見せてくれ。フォーメーションを移動しながら、徐々に隊形を整えていく。横2列に並びながらセンターの真由子《まゆこ》が少しずつ前に進み、それに合わせて全体がVの字になる。これが綺麗に前後2列出来上がる。

次の瞬間、前列の全員が回転しながらしゃがみ込み、後列の11人が一斉にスコーピオンを見せた。タイミングがバッチリ決まり、圧巻のパフォーマンスである。

そこから全員のダブルターンも見事に決まり、あとはフィニッシュだ。センターの位置にリーダーの美智《みさと》が入り、「ウィー・アー・ウィー・アー・ファミリー」の歌詞に合わせてフォーメーションも綺麗にはまった。後列がハイV、前列がローVのポーズもきっちり決まった。

「ゴー・グリフィンズ!!」

嵐のような大歓声に送られながら、グリフィンズのメンバーは演技フロアをあとにした。

悲願の世界一へ

17時30分から、ページェントと呼ばれるセレモニーの時間が始まった。このなかで、結果発表や表彰式が行われる。

日本選手団は、観客席の一角に設けられた専用エリアに固まって着席していた。昨年のグリフィンズは中学生のみの出場であったが、今年は中高揃ってこの場に座っている。セレモニーでは、各チーム代表の2人だけが演技フロアに並び、残りの選手、関係者は観客席で発表を聞く。

1年前は、自分たちの演技が実際どのように評価されるのか、世界でどのくらい通用するのか、手探りな部分も多かった。だが、今年は違う。今回は世界一を獲りに来た。

様々なカテゴリーや年齢層が存在するダンスドリルの大会では、出場チームも多く、表彰式も大掛かりである。派手な英語のアナウンスが流れ、そのたびに演技フロアと観客席の一角から歓声や悲鳴が上がる。

必死で英語を聞き取り、プログラムと見比べながら、どこまで進行しているのか皆で確認する。そしていよいよ、高校生ポン部門の発表の時がやって来た。

一気に緊張が高まってくる。隣同士の選手が手をつなぎ、チーム全員が一つにつながってアナウンスを待った。

「サード・プレイス」

第3位から発表される。全員が頭を下げて祈るような姿勢を取った。

「TRハイスクール！」

日本から出場したＴＲ高校であった。我々と同じエリアに座っているＴＲ高校の皆さんを祝福し、拍手を送った。

演技フロアの前方に設けられた表彰台に、ＴＲ高校の代表の選手が上るのが見える。

続いて第２位が発表される。再び手をつなぎ、頭を下げた。

「セカンド・プレイス」

一瞬の沈黙が流れる。

「ハッピー・サイエンス・アカデミー・ハイスクール！」

ここで名前が呼ばれた。高校生の結果は準優勝。またしても頂点には立てなかった。悔しい。

客席からは拍手が起こっているが、我々のいる一角だけは時間が止まったように沈黙した。遠くで満月《みつき》と留衣《るい》の２人が表彰台に向かって歩いていく姿を、黙って見つめるしかなかった。

我々の時間はしばらく止まったままであった。ただ、表彰式の時間は何事もないかのように流れていく。最後に優勝チームが発表された。

「ファースト・プレイス、スカーレット・ハイスクール！」

今年のポン部門を制したのは、アメリカのチームであった。

しばらくほかのカテゴリーの発表が続いた。高校生の結果に心の動揺があったが、少しずつ落ち着きを取り戻していく。

そしてついに、その時がやって来た。中学生の発表である。

高校生と同様、第3位のチームから発表される。演技フロアには、美智《みさと》と美翔《みか》の2人がスタンバイしている。客席に陣取る他のメンバーは、手をつないで発表の時を待った。

「サード・プレイス」

握る手に汗がにじむ。

「カーネギー・ジュニアハイスクール！」

会場内は拍手と歓声に包まれる。ここではまだ呼ばれなかった。ホッと胸をなでおろす。

そして第2位。次に呼ばれると、昨年の再現になってしまう。1年前の記憶が蘇る。あの時、一瞬何が起こったのかわからなかった、あの沈黙の記憶が脳裏をよぎった。もうあの悔しい思いはしたくない。そのために、この1年間厳しい練習に取り組んできた。

鼓動が高鳴る。握る手に一段と力が入った。下を向き、つむっている目も力むほど、緊張がピークに達した。アナウンスが流れる。

「セカンド・プレイス」

わずかな間が、永遠の時のように感じた。

「ステファン・ホワイト・ジュニアハイスクール！」

昨年の優勝チーム、ステファン・ホワイト中学が第2位であった。この発表を聞いて、むしろさらに鼓動が高鳴った。悲願の世界一が目の前に来たのか。それとも、実は3位にも入っていなくて入賞すら逃しているのか。

早く優勝チームのアナウンスを聞きたいと思う反面、もし違ったらと思うとますます緊張の度合いが増していく。じっとしていられない。椅子に座り直したり、手を握り直したり。この間、ほんのわずかな時間のはずだが、様々な思いが胸を駆け巡った。

そして、アナウンスが流れた。

「ファースト・プレイス」

全員が、優勝を信じて心の中で祈った。一瞬の静寂の時間が訪れる。次の瞬間、会場内に大音響でアナウンスが鳴り響いた。

「ハッピー・サイエンス・アカデミー・ジュニアハイスクール!!」

チーム全員が一斉に立ち上がり、抱き合い、飛び跳ね、叩き合い、泣き、笑い、表現の仕様のない最高の歓喜に包まれ、何が何やらもうわけがわからない状態であった。

「やったー!!」

口から発せられる言葉も、もはや何を言っているのかわからない。とにかく叫び、絶叫し、雄たけびを上げまくった！

ついに頂点に立った。優勝したのだ。悲願の世界一をこの手に掴んだのだ。今まで生きてきて、こんなに嬉しい瞬間がほかにあっただろうか！

笑顔と涙が止まらない。落ち着いて、引き続きほかのチームの表彰に耳を傾けなければいけないのだが、どうしても泣き笑いを止めたくても止められない。嬉しい。本当に嬉しい。

とうとうグリフィンズは、世界の頂点に立ち、自分たちがやってきたことの正しさを世界に知らせることが出来た。そう、「主の教えの正しさを証明」してみせたのだ。

そして、世界中で我々を応援し、ご支援してくださってきた皆様に、ようやく恩返しが出来た。支えていただいた皆様にお返しが出来たことが、何より嬉しかった。

努力・忍耐・継続・感謝・報恩。

決して自分たちの力だけでは、この偉業を成し遂げることは出来なかった。支えてくださった全ての皆様への感謝と報恩の思いが我々の原動力であり、「燃えるマグマのような志と情熱」の源泉であった。

主への信仰と使命感で戦ってきたゴールデン・グリフィンズ。創部4年目にして、ついに世界の頂点を掴み、使命を果たすことが出来た。

表彰式が終わると、全員で階段を駆け下りて演技フロアになだれ込んだ。1メートルはあろうかと思われる巨大なトロフィーとチャンピオンフラッグを抱える美智《みさと》と美翔《みか》のもとに駆け寄り、抱き合い、再び歓喜の輪をつくった。

その輪に、報道陣が一気に集まってくる。周囲からたくさんのフラッシュがたかれた。集合写真のリクエストの声がかかり、チャンピオンチームらしく、会場中央の一番華やかな場所で歓喜の一枚が撮影された。

誇らしさに包まれた。努力は必ず報われる。あの悔しい思いから1年。国内無敗でのぞんだ世界大会も、優勝で締めくくることが出来た。

幸福感に満たされて

全てのプログラムが終了したあとで、各チームにジャッジ・シートが配られた。100点満点でそれぞれ5人のジャッジが採点し、最も高い点数と低い点数はカットされ、残りの300点満点で順位が決まる。

優勝した中学生の得点は289点。昨年我々は0・5点差で涙を呑んだが、今回2位のステファン・ホワイト中学は285・5点であり、3・5点差、アルティメット・クラッシュを達成したと言っていいだろう。

高校生は、優勝したスカーレット高校の得点が合計293点という高得点であったが、2位のグリフィンズの得点は292点。わずか1点差という本当に惜しい結果であった。考えてみれば、高校生は世界大会初出場で準優勝。国内で優勝できたのも今年が最初である。これは、1年前のグリフィンズ中学生の姿と全く同じであった。

ということは、来年こそは必ず、この舞台に帰ってきて世界一を獲ってくれるだろう。悔しい思いもあるが、何と言っても世界の準優勝である。堂々と胸を張って、日本に帰りたい。

私は高校生たちが、自分たちの演技や今回の結果をどのように受け止めたのかが気になり、何人かの生徒に話を聞いてみた。

すると、この大会が最後となる高3の杏樹《あんじゅ》が、次のように語ってくれた。

「踊りながら、今まで多くの方に支えられて3年間やってきて、こうして世界の舞台に立つことが出来ることへの幸福感に満たされていました。その幸福感で、後半はもう、踊りながら涙が溢れてきて止まらなくなり、泣きながら踊っていました」

幸乃《ゆきの》や永遠《とわ》に聞いても、同様に「幸福感で一杯でした」「私たちは本当に幸せです」という言葉が返ってきた。そうなのだ、世界大会の舞台で踊れること自体が、ほんの一握りの人だけに与えられた幸福な瞬間であるのだ。そのなかでの準優勝。感謝と誇りを胸に、日本に帰ろう。

そして、今回果たせなかった高校生の世界一の夢は、後輩たちに託されることになった。これでむしろ、来年の目標は完全に明確になる。必ず来年は、中高揃って世界一を獲得する。グリフィンズの挑戦はまだまだ続いていくのだ。

凱旋《がいせん》

2014年4月7日、久しぶりに日本の土を踏んだ。特に高1は3週間近い長旅であり、私も相応の疲労はあったが、それ以上に充実感と達成感のほうが上回っていた。

日本に帰ってきて、久々にやってみたいことはたくさんあった。熱々のご飯や、味噌汁、うどんやラーメンを食べてみたい。ゆっくりと湯船につかってお風呂に入りたい。色々あったが、やはり一番は、家族の声が聞きたかった。

成田に着くと、真っ先に寂しい思いをさせた妻と息子に電話をして、優勝・準優勝の報告をした。2年前に結婚してから、一気に様々なことが好転し、続々と結果を出すことが出来ている。生徒たちも、私の妻を勝利の女神のように感じてくれており、まさに「あげまん妻」と言えるだろう。久々に声を聞いた妻からは、一言、「おめでとう、お疲れ様」というねぎらいの言葉を贈られた。

そして、この成田空港で、幸乃《ゆきの》、永遠《とわ》、杏樹《あんじゅ》の高3生3人とお別れすることになった。彼女たちはすでに3月に高校を卒業しているのだが、この世界大会までは年度内という扱いで、出場が認められていたのだ。ここから3人は那須に戻らず、それぞれの実家に向かって帰ることになる。

後輩たちから、3人に手紙が渡された。全国大会・世界大会初出場に大きく貢献し、グリフィンズの歴史に名を残した3人を、いつまでも名残惜しく後輩たちがねぎらい続けた。

夕方の5時を回っていた。そろそろ、那須に向けて出発しなければならない。最後に3人は私の前に進み出て、それぞれ書いてきた手紙を私に手渡してくれた。そして、しっかりと握手を交わし、これからの活躍を誓い合った。

3人からもらった手紙は、今でも宝物にしている。私自身、何か挫《くじ》けそうな時があると、この手紙を読み返して勇気をもらっている。

第4章

創部4年目の「挑戦」

我々を乗せたバスが空港を出発した。学園までは、約4時間の道のりである。那須に到着するのは、夜9時頃になる。学園にその旨の連絡を入れると、電話の向こうでも祝福の拍手が鳴りやまず、歓迎ムードが盛り上がっているのを感じた。

昨年の帰国の際もほぼ同様の時刻であり、学園生は夜の学習時間であったが、特別に女子生徒だけは寮の入り口に花道をつくって大歓迎で出迎えてくれた。

ただ、私は、「夜も遅く、学習時間でもあるので、静かに部屋に戻るように」と指示を出していた。

久しぶりに、バスの車窓から幸福の科学学園那須本校の記念講堂の姿が見えてきた。世界大会優勝・準優勝という結果を果たしたグリフィンズを乗せたバスが、校舎の前のロータリーに到着した。

教職員の多くは、外に出て我々の到着を出迎えてくれた。バスから降りると、久々に再会した姿に、お互い笑顔が溢れた。スーツケースを運び出し、ポンポンやラジカセなど、部活の荷物をロータリーに面した体育館の入り口から、部室に片づける。

それが終わると、昇降口からカフェテリアに続くラウンジに我々一行は向かった。

すると、そこには思いもよらぬ光景が広がっていた。

女子寮に続く下りの階段に女子生徒が花道をつくってくれていたばかりでなく、その横にある広いカフェテリアを男子生徒が埋め尽くし、拍手と歓声で我々の帰りを出迎えてくれたのだ。

あとで聞いた話なのだが、今回は、チアダンス部の帰国を男子も一緒に歓迎させてほしいと、男子生徒会長が学校に掛け合ってくれていたという。

「チアダンス部は学園の代表として戦ってくれています。我々学園生も全員で応援し、一緒に戦っているつもりです。ですから、一緒に戦った仲間として、ぜひ中1から高3まで、男女問わず全員で出迎えさせてください！」

この熱い思いに動かされ、今回は、全校生徒がカフェテリアに集合し、チアダンス部の凱旋《がいせん》を大歓迎で出迎えてくれることになっていたのだ。

そんなこととは知らずに帰ってきた我々は、学園あげての大歓迎に大変感激して、その思いに胸を打たれた。すると、カフェテリアから男子生徒の何人かが階段を駆け上がってきて、チアの生徒たちのスーツケースを持ち上げると、階段を下りて女子寮の入り口まで運んでくれたりもした。

まさに、凱旋帰国であった。

なりやまない拍手と歓声。そのなかを、選手たちは頭を下げたり手を振ったり、ハイタッチをしたりしながら女子寮の入り口へと進んでいった。女子生徒による花道は、延々女子寮の入り口を過ぎても廊下まで続いていた。

私もそこまで見届け、皆の大歓迎に笑顔で応えた。再びカフェテリアに戻ると、そこにはまだ男子生徒と教職員の皆さんが残っていて、女子寮の入り口から戻ってきた私をもう一度大きな拍手で迎えてくれた。

これには応えなければいけないと思い、私はカフェテリアの入り口で、皆さんに向かってお礼の挨拶をした。

「皆さんの熱い応援のおかげで、世界で優勝・準優勝を果たすことが出来ました！ これだけ多くの皆さんに応援されているチームはほかにありません！ 本当に幸せです！ ありがとう！」

そう言った瞬間、何人かの男子生徒がワーッと私のもとに駆け寄ってきた。すると一斉に皆で担ぎ上げ、私の体は宙に舞っていた。世界一の胴上げに、しばらくの間酔いしれた。5回、6回、7回……。

そして、未来へ！ ゴー・グリフィンズ！

それからの1カ月は、本当に大忙しであった。那須町役場、大田原市役所、栃木県庁に表敬訪問、スポーツニッポンや下野新聞、とちぎテレビの取材、那須精舎のさくら祭りや道の駅「那須与一《なすのよいち》の郷」の春祭りでの凱旋公演、JCDA主催で昨年度のチャンピオンチームだけ

幸福の科学学園中高チアダンス部
チアダンス団体競技世界大会
中学校が優勝！　高校が準優勝！

幸福の科学学園中学校と同高校のチアダンス部は、4月4日、5日にアメリカ合衆国カリフォルニア州で行われたミスダンスドリルチームインターナショナル2014USA大会に出場しました。中学校は昨年に引き続き2回目の出場で見事優勝、高校は初出場で堂々の準優勝の成績を収めました。

4月14日、両校が結果報告に町長を訪れ、中学校のリーダー上村美智《みさと》さんは「雰囲気が日本と違ってメンバーは緊張していましたが、本番は声を出して自分達らしく踊ることができました。」と大会を振り返りました。

＜広報那須　2014年5月号＞

2014年5月号 広報那須

27　地域　2014年（平成26年）4月23日（水曜日）　下野

幸福の科学学園チア部中学生チーム
米国の国際大会で初V
那須　初出場高校生も部門2位

【那須】那須の幸福の科学学園中高チアダンス部は、米国カリフォルニア州アーバイン市で開かれた第47回ミスダンスドリル米国際大会に出場し、2年連続出場の中学生チームが初の総合優勝を飾り、初出場の高校生チームもポン部門で準優勝した。

ダンスドリルはダンスを反復練習（ドリル）する米国発祥の教育プログラム。大会は多くの部門に分かれており、中学生チーム（23人）はジュニアハイオープン部門で出場3チーム中1位。ジュニアハイ総合部門でも14チーム中1位となり、総合優勝となった。両部門ともほかは全て米国のチームだった。

高校生チーム（19人）は、ポンポンを持って踊るポン部門で日本3、米2の計5チームで競い、5人いる審査員の1人から100点満点を得た。

米国の国際大会で快挙を成し遂げた幸福の科学学園中高チアダンス部

中学生チームは昨年出場した国内の学生チアダンス3大大会で全て優勝、高校生チームもうち1大会で初優勝している。

中学生チーム元リーダーの高校1年上村美智《みさと》さん（15）は「自分と仲間を信じる力でつかんだ勝利。両親の支えに感謝したい」とほほ笑む。中高全体の元部長の高校3年川端??月さん（17）は「両親の支えに報謝で応えたかったけれど、世界のレベルを体験しながら、思い描いた演技ができた」と話していた。（手塚京治）

2014年4月23日付 下野新聞

2014年（平成26年）5月3日（土曜日）　スポーツ

幸福の科学学園チアダンス部
創部4年で世界一!!
米国の国際大会「中学生の部」総合優勝

2010年に創部した幸福の科学学園チアダンス部「Golden Griffins（ゴールデン・グリフィンズ）」は4月、アメリカ西海岸で開催された第47回ミスダンスドリル米国際大会で中学生の部が総合優勝。高校生の部もポンポンを持って踊る「ポン部門」で準優勝に輝いた。部員のほとんどがチアダンス未経験から始め、短期間でめきめきと上達している。栃木県那須町の学園を訪問し、その強さの秘密に迫った。

躍進の原動力はメンバーの一体感

10年開校・全寮制

JR那須塩原駅から車で約30分。学園は那須の自然あふれる広大な敷地内にある。男子寮、女子寮、校舎棟、図書館、体育館など設備は充実。中学、高校合わせて約500人の生徒が寮生活をしながら勉強や部活に打ち込んでいる。

中でも10年の開校と同時に創部したチアダンス部の躍進は目を見張るほど。初年度に7人からスタートした中学の部は、創部4年目の昨年度に「USA Nationals」「ダンスドリル選手権」「JCDAチアダンス選手権」と国内の3大大会全てで優勝。今年4月には第47回ミスダンスドリル米国際大会で総合優勝を果たした。

中学でリーダーを務めた上村美智さん（現高1）は「去年は準優勝だったが、今年は優勝に届くと信じることができた」と振り返り、副リーダーだった浦口美翔さん（現高1）も「最後の最後に一つになれた」と感激の瞬間について語った。

全寮制のため、学生は全国各地から集っており、上村さんは栃木、浦口さんは千葉から入学した。練習は平日が午後3時45分から6時40分まで。土曜は午後2時から6時40分まで、基本的に日曜日がオフとなる。指導は、埼玉県内の女子校でチアダンス部の指導経験がある桜沢正顕顧問（44）が担当。島崎穂子コーチとともにドラマチックな振り付け、世界のトレンドを取り入れた楽曲を採用している。中高一貫校であるため、高校生たちとの絆も深い。もちろん、部活動とともに全員が勉学にも励んでおり、学年トップクラスを含む成績優秀者が多数いるという。

部員数50人超

「全寮制なので、練習後にもしっかりとした勉強の時間がありますし、ダンスの環境は整っており、信仰もあるのでチームワークがいい。自分たちの踊りを通して光を届けたいという気持ちが表れている」と桜沢顧問。中学のリーダーとなった徳島県出身の石田愛理さん（中3）も「本当に仲がいい。家族や先輩方が支えてくれる」と感謝した。

今年度は本来引退する高校3年生が[illegible]長の小宮留衣さんは「お互いを信じ合うこと」と強さの秘けつを明かした。

恵まれた環境と、文武両道の精神、そして信仰心を軸としたメンバーの一体感が躍進の原動力だ。今では部員数は50人を超える。それでいて、未経験者を含む希望者全員を受け入れていることも大きな特長だ。「最初はできなくても、2年後、3年後にはできるようになる。全員が大会に出場しています」。桜沢顧問の目は、中高ダブルでの世界大会制覇を見据えていた。

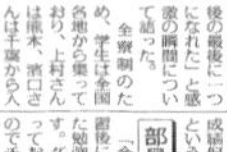

桜沢正顕顧問　久保田副校長

“お姉さん”は高校生の部「ポン部門」で準V

（上）第47回ミスダンスドリル米国際大会の中学生の部で総合優勝した幸福の科学学園チアダンス部　（下）高校生の部も「ポン部門」で準優勝

中高一貫校／2年連続で東大合格者

幸福の科学グループ大川隆法総裁が創立した幸福の科学学園中学校・高等学校（喜島克明校長）は2年連続で東大合格者を出すなど、進学率も高い。開校以来初の卒業生を出した昨年は東大2人、大阪大1人など。今年は東大2人、早慶29人などの合格実績を残した。勉強とともに盛んな部活動ではチアダンス部のほかにも野球部やテニス部、吹奏楽部なども力をつけており、県大会や関東大会での活躍を目指す。久保田副校長は「今年の卒業生は98人。着実に大学合格実績も伸びています」と話す。来年には幸福の科学大学（仮称・設置認可申請中）が千葉県内に開学予定。

自然あふれる敷地内にある幸福の科学学園

2014年5月3日付
スポーツニッポン

が招待されるショータイムへの出演などなど。

時差ボケもものともせず、精力的に活動した。特に地元での凱旋公演は、本当にこれ以上人が入れないというほどの立ち見客で溢れた。超満員の大歓迎に、大変興奮し、感動したのを今でも覚えている。

今思うと、2010年春、あの時躊躇せず、チアダンス部を立ち上げて本当によかった。この間に、多くの皆様に支えられ、たくさんの経験をさせていただいたことが、何ものにもかえられない大きな財産となった。一人ひとりに成長のストーリーがあり、活動を通してひと回りもふた回りも人間的に器を広げることが出来た。そして、これからも。

幸福の科学学園チアダンス部ゴールデン・グリフィンズ。主と共に歩み、多くの皆様に支えられ、育まれて世界の舞台で活躍してきたチャンピオンチーム。

その栄光は、まだ入り口に立ったばかりであり、その伝説は、まだ始まったばかりである。

今後も、常に進化し続け、常に最高の自己を世の中に差し出していこう。燃えるマグマのような志と情熱があるかぎり、グリフィンズの快進撃はこれからも続く。

行け、ゴールデン・グリフィンズ。黄金の翼と共に、世界へ羽ばたき続けろ。ずっとずっと永遠に、輝きに満ちた未来の世界を、我々の手で切り拓いていくために！

「ゴー・グリフィンズ！」

桜沢正顕（さくらざわ・まさあき）

1969年、埼玉県生まれ。1993年、中央大学卒業。私立山村女子高校教諭時代、バトン部を4年連続全国優勝・世界大会2度優勝に導く。2010年より、幸福の科学学園高等学校（那須本校）で教鞭を取る一方、顧問として中学チアダンス部の3年連続全国優勝・世界大会優勝、高校チアダンス部の全国優勝・世界大会準優勝を成し遂げ、現在も記録を更新し続けている。

ゴー・グリフィンズ！

世界を制覇した駆け出しチアダンス部

2015年 9月 9日　初版第1刷

著　者　桜沢 正顕

発行者　本地川 瑞祥

発行所　幸福の科学出版株式会社

〒107-0052　東京都港区赤坂2丁目10番14号
TEL（03）5573-7700
http://www.irhpress.co.jp/

印刷・製本　株式会社 東京研文社

落丁・乱丁本はおとりかえいたします

ISBN978-4-86395-712-1 C0095

頭をシャープに、心を豊かに。

幸福の科学出版の本

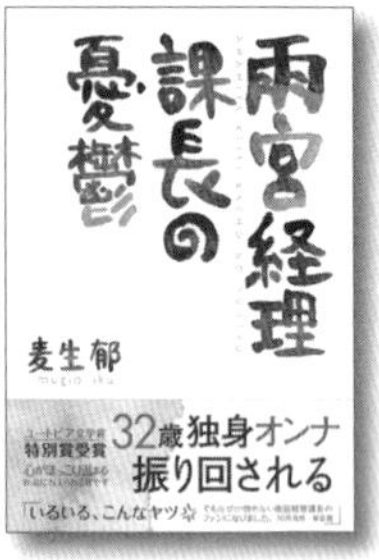

1,300円

雨宮経理課長の憂鬱

幸福の科学
ユートピア
文学賞2010
特別賞

麦生郁 著

ありえないほど仕事がデキないが、なぜか会長に気に入られている変人オヤジ、雨宮経理課長。彼に振り回される比佐子は、ある日、おかしな業績グラフを見つけ……。心温まるちょいミステリー。

1,200円

狙われたシリウス

幸福の科学
ユートピア
文学賞2009
入選

山田典宗 著

若き科学者・本城健二の発明した、新電力生産システム“シリウス”が、全世界で導入されることになった。新エネルギー技術開発に思惑と陰謀がうずまく、科学エンターテインメント。

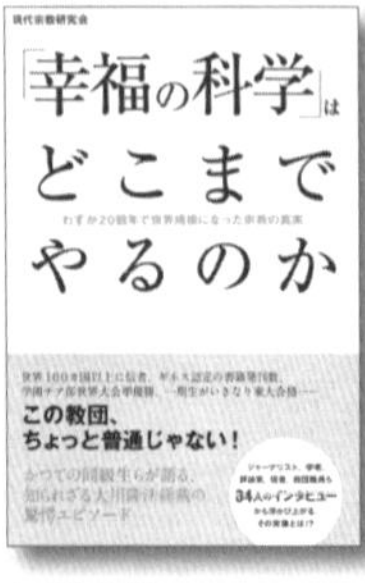

1,200円

「幸福の科学」は どこまでやるのか

わずか20数年で世界規模になった宗教の真実

現代宗教研究会 著

長谷川慶太郎氏、渡部昇一氏、野田一夫氏ほか、教団職員を含め総勢34名にインタビューを決行。教祖・大川隆法総裁の幼少時代や、幸福の科学グループの活動とその影響が多角的に理解できる一冊。

※表示価格は本体価格(税別)です。